Paddington, Babar & Co.
Kinderbuchfiguren
in
Kreuzstich

Gillian Souter

Urania-Ravensburger

Die Deutsche Bibliothek - CIP-Einheitsaufnahme
Ein Titeldatensatz für diese Publikation ist bei
Der Deutschen Bibliothek erhältlich.

Titel der australischen Originalausgabe: Storybook Favourites in Cross-stitch

Übersetzung ins Deutsche: Bernadette Mayr

Umschlaggestaltung: Behrend & Buchholz, Hamburg
Fotos: Andre Martin
Lektorat: Eva Hauck
Satz: Graphiti GmbH, Berlin
Gesamtherstellung: Urania-Ravensburger, Berlin
Printed in Slovakia

Gedruckt auf alterungsbeständigem Papier mit chlorfrei gebleichtem Zellstoff.

Die Schreibweise entspricht den Regeln der neuen Rechtscheibung.

ISBN 3-332-01099-9

03 02 01 00 4 3 2 1

Inhalt

Einleitung

So viele Kreuzstichvorlagen in einem Buch! Einige davon sind ganz einfach, andere etwas schwieriger nachzuarbeiten – und jedes Motiv ergibt ein niedliches Geschenk für ein Kind.
Alle Motive sind aus Kinderbüchern entlehnt. Manche der Figuren – Peter Hase und Paddington – waren schon in meiner eigenen Kindheit meine Freunde. Andere wie Elmar, Mausi oder Miffy lernte ich später kennen, als ich – sozusagen in meiner zweiten Kindheit – wieder begann, Kinderbücher zu lesen.
Kinderbücher sind auf sehr unterschiedliche Art illustriert.
Die zarten Aquarelle von Beatrix Potter verlangen nach weichen Pastelltönen und einem impressionistischen Stil. Das Aussticken von Brunas klar gezeichneten Figuren kommt dem Kolorieren von Malbüchern gleich, obwohl dieser Eindruck schwindet, sobald die Flächen gefüllt sind. Die Kreuzstichbilder sollten dem Original möglichst nahe kommen, deshalb wurden die meisten auf weißen Untergrund gestickt und viele halbe Stiche eingesetzt.
Bei den Buchstaben und Zahlen kommen keine halben Stiche vor. Sie sind somit als Einstiegsmotive für diejenigen, die noch wenig Erfahrung mit der Kreuzstickerei haben, gut geeignet. Jedes der Bilder wird zu einem kleinen, nützlichen Gegenstand verarbeitet. Betrachten Sie diese Dinge jeweils als Anregung und als eine von zahllosen Möglichkeiten, die Motive umzusetzen.

Die Grundlagen

Der Kreuzstich ist ein sehr beliebter Stickstich und einfach zu erlernen. In diesem Kapitel finden Anfängerinnen alle nötigen Informationen, um die Projekte dieses Buches nacharbeiten zu können.

Das als Zählmustervorlage abgebildete Motiv wird mit Kreuzstichen auf unbedrucktes Leinen übertragen. Das Zählmuster ist ein Kästchengitter, die Symbole in jedem Kästchen bilden das Motiv. Der Farbschlüssel gibt an, welche Garnfarbe für welches Symbol des Zählmusters benutzt werden soll. Sie brauchen also nur die Kreuzstiche in den angegebenen Farben zu sticken.

Verschiedene Stoffe

Stoff zum Sticken muss fadengerade gewebt sein, also waagerecht und senkrecht gleich viele Fäden pro Zentimeter aufweisen. Viele Stoffe sind für Kreuzstichmuster gut geeignet, Stickleinen und Aida sind ideal dafür. Stickleinen ist aus Einzelfäden gewebt, Aida aus Fadengruppen bzw. -bündeln.

Die Größe der Kreuzstiche hängt davon ab, über wie viele Fäden Sie sticken und wie dicht der Stoff gewebt ist (Fadendichte). Die Fadendichte gibt die Zahl der Fäden pro Zentimeter an (manchmal auch in Fäden pro Inch). Leinen 26 hat 26 Fäden pro Inch. Jeder Stich wird grundsätzlich über 2 Webfäden gearbeitet, damit der Stickfaden nicht unter die Webfäden rutschen kann. Also ergeben sich 13 Stiche pro Inch. Leinen 30 ergibt 15 Stiche pro Inch. Je höher die Zahl der Fäden ist, desto kleiner sind die Stiche.

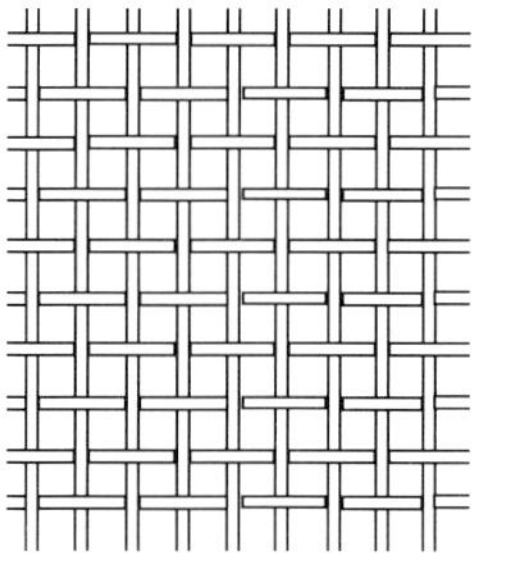

Leinen

Aida

Größe errechnen

In den Anleitungen sind jeweils Stoffart und Stoffmenge angegeben. Sobald Sie einen Stickuntergrund mit anderer Fadendichte wählen, müssen Sie selbst ausrechnen, wie groß das Motiv wird. Dafür gilt die Rechenformel: Fertige Größe = Anzahl der Kreuzstiche : Anzahl der Stiche pro cm auf dem Stoff.

Auf Leinen sticken Sie über zwei Fäden. Wenn Sie also 50 x 50 Kreuzstiche benötigen (d. h. 50 Kästchen des Zählmusters längs und 50 quer), müssen Sie die 50 durch 13 teilen, wenn Sie auf Leinen 26 arbeiten. Bei Leinen 30 teilen Sie durch 15. Auch Aida gibt es in verschiedenen Webdichten. Bei Aida 14 teilen Sie die Zahl der Kreuzstiche durch 14. Wenn Sie in Zentimeter umrechnen möchten, multiplizieren Sie das Ergebnis mit 2,5.

Stoff vorbereiten

Damit der Stoff nicht franst, fassen Sie die Kanten mit dem Zickzackstich der Nähmaschine ein, oder Sie bekleben die Kanten mit einem Klebestreifen, den Sie am Schluss leicht wieder entfernen können.

Finden Sie die Mitte des Stoffes, indem Sie ihn einmal längs und einmal quer falten. Bei großen Motiven markieren Sie die Mitte mit einer Stecknadel und heften mit farbigem Garn nach beiden Seiten und nach oben und unten. So ist der Stoff in Viertel unterteilt. Wenn Sie mit der Stickerei beginnen, soll die Mitte des Motivs (auf der Zählvorlage mit Pfeilen gekennzeichnet) genau auf die Mitte des Stoffes treffen.

Stickgarn

Der Kreuzstich wird grundsätzlich mit Baumwoll-Sticktwist gearbeitet. Die Bilder dieses Buches wurden mit Anchor Sticktwist gestickt. Wenn Sie mit Garn einer anderen Marke arbeiten, so wählen Sie die Farben so ähnlich wie möglich oder Sie treffen Ihre persönliche Farbauswahl.

Der Farbschlüssel bei jedem Motiv gibt an: ein Symbol, welches im Zählmuster vorkommt, eine Farbnummer, eine Farbbezeichnung zum einfacheren Zuordnen und die Anzahl der Kreuzstiche in dieser Farbe. Leider ist es nicht möglich, die benötigte Menge Stickgarn abzuschätzen. Nehmen Sie folgende Zahl als Hinweis: 100 Kreuzchen auf Aida 14 verbrauchen 50 cm zweifädiges Garn.

Die sechs Fäden des Sticktwists können in Einzelfäden geteilt werden, z. B. drei Längen zu je 2 Fäden oder anders. Wie viele Fäden Sie verwenden hängt von der Fadendichte Ihres Stoffes ab. Grundsätzlich gilt: Je dicker das Stickgarn, desto dichter wirkt das fertige Motiv. Doch Achtung: Allzu dickes Garn passt nicht mehr gut zwischen die Webfäden. Die Tabelle gibt an, wie viele Stickfäden für welchen Stoff geeignet sind. Wenn Sie auf dunklem Stoff arbeiten, ist ein zusätzlicher Stickfaden ratsam.

Fadendichte des Stoffes		**Fadenzahl Kreuzstich**	**Fadenzahl Rückstich**
Aida	11	3	2
	14	2	1
	18	2	1
	22	1	1
Leinen	16	3	2
	20	2	1
	26	2	1
	32	1	1

Zubehör

Verwenden Sie eine Sticknadel mit stumpfer Spitze, die die Webfäden nicht teilt. Die Nadelstärke hängt von der Größe der Lücken zwischen den Webfäden ab: Eine Nadel der Stärke 24 eignet sich gut für Leinen 20 oder Aida 11, Nadelstärke 26 für Aida 14.

Sie benötigen eine kleine Stickschere, um die Fäden abzuschneiden und eine große Schere zum Zuschneiden des Stoffes.

Wenn Sie eines der größeren Motive sticken oder mehrere ähnliche Töne einer Garnfarbe benötigen, passiert es leicht, dass die Garne durcheinander kommen. Machen Sie sich einen einfachen Fadenhalter, indem Sie entlang der Kante eines stabilen Kartonstreifens Löcher stanzen. Schreiben Sie die Farbnummer und das passende Farbsymbol neben die Löcher und knoten Sie die Fäden ein, wie abgebildet.

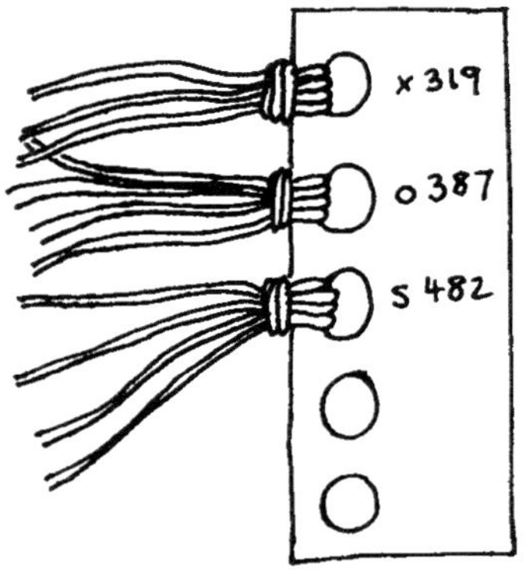

Ein einfacher Fadenhalter

Ein Stickrahmen hilft, damit Ihre Stiche gleichmäßig werden und der Stoff sich nicht verzieht. Bei sehr kleinen Motiven ist er jedoch nicht unbedingt erforderlich. Wählen Sie den Rahmen so groß, dass das komplette Motiv darin Platz findet, andernfalls könnten bereits gearbeitete Stiche beschädigt werden.

Nach Zählmuster arbeiten

Jedes Kästchen steht für einen ganzen Kreuzstich, jedes Symbol für eine Farbe, wie im Farbschlüssel angegeben. Eine kräftige Linie zeigt an, wo Rückstiche gearbeitet werden – auch hier gibt der Farbschlüssel die Farbe an. Die Mitte des Motivs ist mit Pfeilen gekennzeichnet.

Achten Sie beim Lesen der Anleitung darauf, wo die Stickerei auf dem Stoff positioniert werden soll. Wenn nicht anders angegeben, platzieren Sie das Motiv zentriert. Suchen Sie die Farbe des Symbols in der Mitte und beginnen Sie mit dieser Farbfläche.

Schneiden Sie ein 50 cm langes Stück Stickgarn ab und teilen Sie es vorsichtig bis zur geeigneten Fadenzahl. Geben Sie dem Faden Zeit, sich auszuzwirnen.

Der Kreuzstich

Fädeln Sie das richtige Garn in die Sticknadel und führen Sie sie von unten durch den Stoff. Lassen Sie ein Ende von ca. 2 cm stehen und halten Sie es fest. Fassen Sie das Fadenende mit den folgenden vier oder fünf Stichen mit, um es zu befestigen. Danach schneiden Sie den überstehenden Rest ab.

Arbeiten Sie immer eine Reihe von Diagonalstichen von links nach rechts. Am Ende der Reihe wechseln Sie die Nährichtung und sticken die oben liegenden Diagonalstiche von rechts nach links zurück. Sie stechen mit der Nadel nach unten, kehren am Startpunkt der nächsten Reihe wieder nach oben und wiederholen den Vorgang.

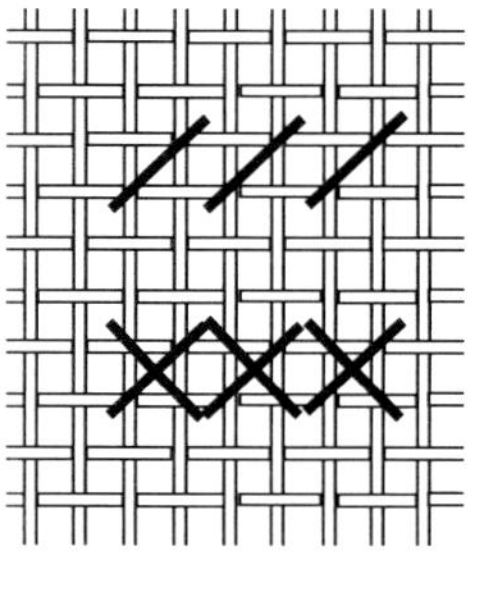

Kreuzstiche auf Leinen

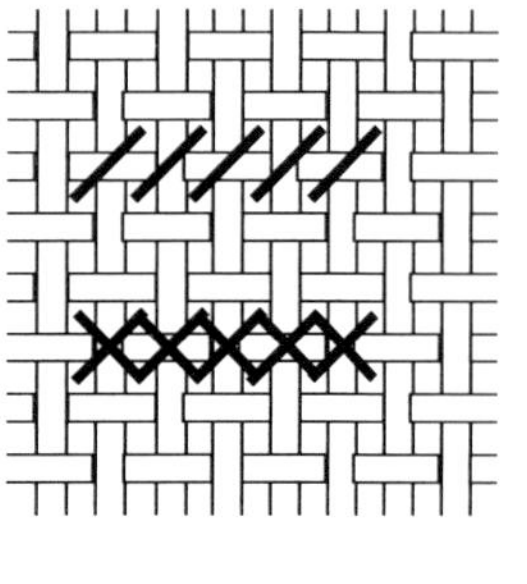

Kreuzstiche auf Aida

Parallel verlaufende Stichreihen teilen sich die Einstichlöcher mit der vorhergehenden Reihe.

Denken Sie daran: Über wie viele Fäden Sie sticken, hängt von Ihrem Stoff ab. Bei Leinen sticken Sie über 2 Fäden, bei Aida immer über 1 Fadenbündel. Die Zeichnungen auf Seite 10 zeigen dies.

Arbeiten Sie horizontal, nicht vertikal, und wechseln Sie nicht die Richtung, auch wenn Sie dadurch mehr Garn verbrauchen – das Ergebnis wird schöner.

Ihre ersten gestickten Kreuzstiche gelten als Orientierung. Zählen Sie von dort aus weiter. Ihre geheftete Mittellinie ist ebenfalls hilfreich. So haben Sie ein zusätzliches Mittel, um zu überprüfen, ob Sie richtig gezählt haben. Sticken Sie jede Farbfläche fertig aus. Wenn Sie kleine Zwischenräume überwinden müssen, können Sie den Faden auf der Stoffunterseite mitführen. Sobald einzelne Farbfelder weiter auseinander liegen, vernähen Sie den Faden und beginnen neu.

Nach jedem Abschnitt führen Sie die Nadel zur Stoffrückseite, stechen unter vier bis fünf Stickfäden hindurch und schneiden den Faden dicht über dem Stoff ab.

Halber Kreuzstich

Auf manchen Zählmustern sind halbe Stiche angegeben, man nennt sie auch „Dreiviertelstiche". Sie sind auf den Vorlagen durch eine Diagonallinie im Kästchen markiert und liegen in der Regel an der Außenkante eines Motivs. In diesem Fall sticken Sie den ersten Stich des Kreuzes ganz normal, doch der zweite Stich wird im Mittelpunkt des Kreuzes nach unten geführt. Bei Leinen ist dies das mittlere Loch, bei Aida wird in die Mitte des Fadenbündels gestochen.

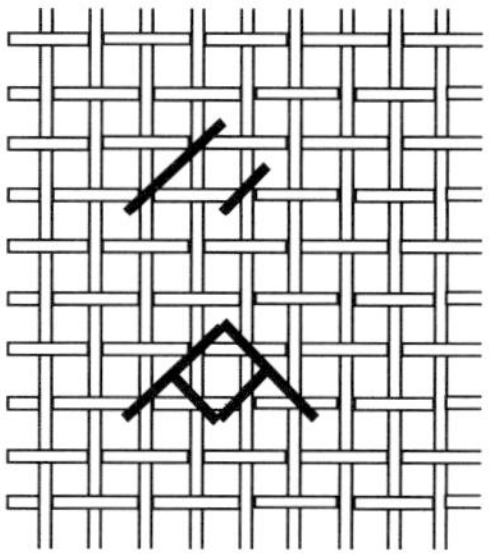

Zwei halbe Kreuzstiche

Wenn auf der Vorlage zwei halbe Kreuzstiche im gleichen Kästchen eingezeichnet sind, müssen Sie sich entscheiden, welche Farbe überwiegen soll, und den obenauf liegenden Faden damit sticken.

Rückstich

Auf vielen Vorlagen werden Umrisse und Details mit Rückstichen gearbeitet. Diese sind auf dem Zählmuster mit einer besonders kräftigen Linie dargestellt. Die Rückstichlinie wird erst dann gearbeitet, wenn die Kreuzstichfläche fertig ist; sie wird an einem Stück gestickt. In der Zeichnung wird diese Sticktechnik vorgeführt.

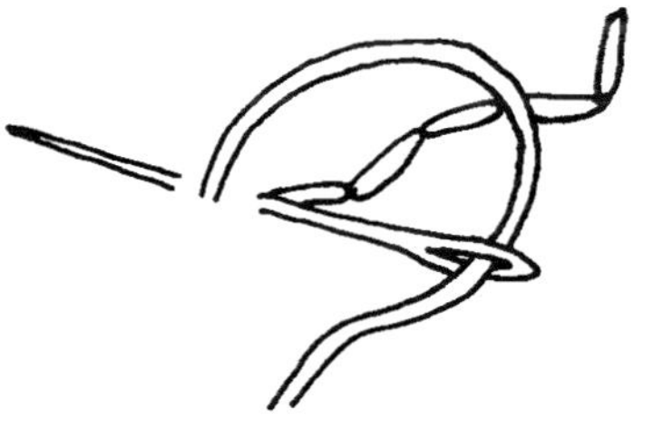

Der Rückstich

Einige Tipps

Halten Sie Ihre Arbeit so sauber wie möglich. Lassen Sie angefangene Arbeiten nicht zu lange im Stickrahmen, das hinterlässt unschöne Druckstellen. Nach der Arbeit verwahren Sie die Nadel im äußeren Stoffrand. So vermeiden Sie Rostflecken und Einstichlöcher im Stoff. Angefangene größere Arbeiten werden nicht gefaltet, sondern sorgfältig in Seidenpapier eingerollt (säurefreies Seidenpapier gibt es im Künstlerbedarfshandel).

Verwenden Sie das Stickgarn in einer Arbeitslänge von 50 cm. Zu langes Garn franst gegen Ende zu leicht aus.

Nachdem Sie eine Weile gestickt haben, beginnt das Garn sich aufzuzwirnen, was zu ungleichmäßigen Stichen führen kann. Lassen Sie die Nadel von Zeit zu Zeit lose am Faden nach unten hängen, damit dieser sich ausdrehen kann.

Wenn Sie von einer Farbfläche zur nächsten wechseln müssen, darf der Faden nicht unter einer unbestickten Stoffstelle verlaufen. Er scheint sonst durch.

Sollten Sie sich einmal verzählt haben, versuchen Sie beim Auftrennen nicht, den Faden zu retten. Schneiden Sie die falschen Stiche vorsichtig mit der spitzen Stickschere durch und zupfen Sie die Fadenenden aus dem Stoff. Danach arbeiten Sie mit frischem Garn die Stelle neu.

Widerstehen Sie der Versuchung, am Fadenanfang einen Knoten zu machen. Er drückt sich durch, sobald die Arbeit flach liegt.

Arbeit mit Kindern

Es gab eine Zeit, in der jedes Kind – zumindest jedes Mädchen – ein Mustertuch in Kreuzstich arbeiten musste. Das Motiv bestand meistens aus dem gesamten Alphabet und den Zahlen und wurde oftmals wenig oder gar nicht verziert. Das Ganze war für die meisten wohl eher eine Plage als ein Vergnügen!

Beim Anblick der Motive in diesem Buch werden Jungen und Mädchen ganz sicher Lust bekommen, Kreuzstiche zu arbeiten. Und es ist ganz wichtig, ihnen einfache und erreichbare Ziele zu stecken, damit sie den Spaß nicht verlieren.

Hier einige Tipps:

- Üben Sie mit den Kindern den Kreuzstich mit buntem Garn auf einem kleinen Stück Stoff, bevor Sie gemeinsam ein Muster in Angriff nehmen.
- Erklären Sie den Farbschlüssel, damit die Kinder verstehen, dass jedes Symbol einer Farbe entspricht.
- Vielleicht möchten die Kinder das Zählmuster in den richtigen Farben ausmalen. Kopieren Sie dafür eine Vorlage aus diesem Buch.
- Geben Sie den Kindern eine kräftige, stumpfe Nadel und Aida-Stoff mit großen Weblöchern.
- Wählen Sie kleine Motive mit klaren Farbflächen. Halbe Kreuzstiche sind erst dann möglich, wenn der ganze Kreuzstich sicher beherrscht wird. Das Alphabet enthält keine halben Stiche; der eigene Namenszug eignet sich deshalb gut für den Einstieg.
- Die ersten Stiche der Rückstichlinien sollten Sie für die Kinder sticken. Kleineren Kindern sollten Sie diese Arbeit möglicherweise komplett abnehmen.
- Helfen Sie den Kindern dabei, das gestickte Motiv in einen nützlichen Gegenstand einzuarbeiten.
- Regen Sie die Kinder an, ihre Arbeit mit Namen und Alter zu kennzeichnen (Alphabet und Zahlen auf Seite 62/63). Ein fertiges Stickbild mit eingesticktem Namen und Alter des Kindes stellt eine schöne Erinnerung dar und markiert einen wichtigen Abschnitt im Leben eines Kindes.

Peter Hase

Dieses berühmte Häschen tauchte erstmals in einem bebilderten Brief auf, den Beatrix Potter einem kleinen, kranken Jungen schrieb, um ihn etwas aufzuheitern. Beatrix Potters eigene Kindheit war ziemlich einsam. Sicher fühlte sie sich daran erinnert, als sie am 4. September 1893 schrieb: „Mein lieber Noel, ich weiß nicht, was ich dir schreiben soll, deshalb erzähle ich dir diese Geschichte." Auf den anschließenden acht Seiten erzählte sie eine Geschichte, die zu einem der beliebtesten Kinderbücher aller Zeiten werden sollte: die Geschichte von Peter Hase. Es dauerte ein paar Jahre, bis Beatrix Potter einen Verleger fand, doch als das Buch 1902 erschien, war es schnell ein großer Erfolg, und sie schrieb noch viele solcher Bücher für kleine Kinderhände. Die Figuren der Geschichte – Hase, Igelfrau oder Frosch – haben lebende Vorbilder: Haus- und Wildtiere des Lake-Districts, wo Beatrix Potter ihre Ferien verbrachte und später auf Dauer wohnte. Die sorgfältig ausgearbeiteten Bilder und der feine Humor der Texte sind das Geheimnis des anhaltenden Erfolges der Bücher von Beatrix Potter, die in viele Sprachen übersetzt wurden und bei Kindern und Eltern gleichermaßen beliebt sind.

THE
MRS TIGG
THE TALE OF MRS TIGGY-WINKLE
APPLEY DAPPLY'S NURS
BEATRI
a time
were four
bbits, and
ames were-
Mopsy
and Peter.

Nadelkissen

Dies ist Frau Igelischen bei der großen Wäsche. Sie ist als Motiv für das Nadelkissen gut geeignet.

Material: 20 x 20 cm weißes Leinen 11
20 x 20 cm farbiger Stoff
Polyesterwatte zum Füllen
Anchor Sticktwist wie aufgelistet

Motivgröße: 52 Kästchen hoch, 52 breit

Anleitung: Sticken Sie das Motiv in die Stoffmitte und bügeln Sie die fertige Arbeit sorgfältig. Fassen Sie die Kanten von Stickbild und Rückseitenstoff mit Zickzackstichen ein. Legen Sie beide Teile rechts auf rechts und nähen Sie die Kanten zusammen. Lassen Sie eine Wendeöffnung frei. Wenden Sie das Kissen auf rechts und füllen Sie Polyesterwatte ein. Schließen Sie die Wendeöffnung mit feinen Handstichen und stecken Sie ein paar Sicherheitsnadeln auf der Oberfläche fest, bevor Sie das Kissen verschenken.

Farbschlüssel für Frau Igelischen

	Farbnr.	*Farbe*	*Stichzahl*
■	403	Schwarz	3
Z	235	Hellgrau	89
X	310	Braun	248
>	363	Hellbraun	267
U	253	Grün	115
●	63	Dunkelrosa	30
–	62	Rosa	54
O	1094	Hellrosa	80
╲	176	Blau	115
▲	359	Dunkelbraun	95
↑	120	Hellblau	85
+	387	Ecru	52
=	1	Weiß	308

Rückstiche

403	Schwarz	Gesicht, Kleid
359	Dunkelbraun	Stacheln
400	Dunkelgrau	alles andere

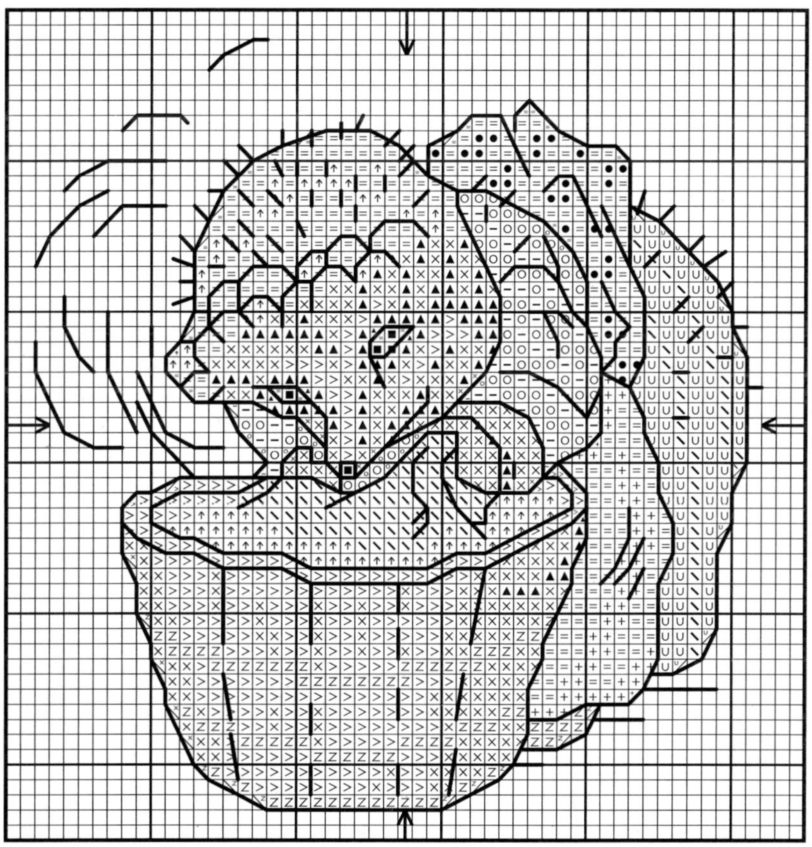

Dose mit Deckel

In diese Dose füllt man Wattebällchen. Auf dem Deckel sieht man Mutter Hase, die einen etwas kranken und sehr ungezogenen Peter mit Kamillentee beruhigt.

Material:	15 x 15 cm weißes Aida 14 dünnes Volumenvlies Karton/Pappe farbiger Stoff Anchor Sticktwist wie aufgelistet
Motivgröße:	56 Kästchen hoch, 56 breit

Anleitung: Sticken Sie das Motiv auf Aida und bügeln Sie die fertige Arbeit. Schneiden Sie einen Kreis mit 1 cm Abstand um den gestickten Umriss.

Schneiden Sie aus dem farbigen Stoff einen 4 cm breiten und 40 cm langen Schrägstreifen. Legen Sie ihn mit der rechten Seite nach unten auf den Rand des Stickmotivs und nähen Sie ihn mit 5 mm Nahtzugabe fest. Versäubern Sie die Kante mit Zickzackstich.

Zeichnen Sie mit einem Zirkel fünf Kreise auf Karton: einen mit 6 cm Radius, zwei mit 5,5 cm Radius und zwei mit 5 cm Radius. Schneiden Sie die Kreise aus und kleben Sie auf dem größten davon ein ausreichendes Stück Volumenvlies punktuell fest. Legen Sie das bestickte Aida darüber und kleben Sie die Kante des Schrägstreifens auf die Rückseite des Kartons.

Beziehen Sie einen der 5,5-cm-Radius-Kreise als Unterseite der Dose. Schneiden Sie einen Streifen von 40 x 6 cm aus Karton und kleben Sie ihn an den kurzen Seiten zu einem Ring zusammen, der um den beklebten Kreis passt. Schneiden Sie einen 42 x 8 cm großen Stoffstreifen zu und kleben Sie ihn um den Pappring. Schneiden Sie die überstehende Stoffkante ein und kleben Sie sie auf der Innenseite fest. Schneiden Sie einen 35 x 5 cm breiten Karton zu und beziehen Sie eine Seite davon mit Stoff. Kleben Sie alle Kanten auf der Kartonrückseite fest. Kleben Sie diesen Streifen als Futter auf den inneren Dosenrand.

Beziehen Sie die beiden kleinsten Kreise. Kleben Sie den einen auf die Innenseite des Deckels und einen auf die Innenseite des Bodens. Zum Schluss beziehen Sie den letzten Kreis und kleben ihn auf die Unterseite der Dose, damit die Klebestellen verdeckt sind.

Farbschlüssel für Frau Hase und Peter

	Farbnr.	Farbe	Stichzahl
X	8	Apricot	185
T	235	Grau	2
Z	362	Goldocker	25
∩	361	Heller Ocker	62
+	366	Creme	186
U	259	Hellgrau	102
▲	161	Blau	83
/	23	Rosa	161
O	160	Blassblau	127
✳	274	Eisblau	55
N	203	Grün	31
•	1	Weiß	448
	235	Grau	Rückstich

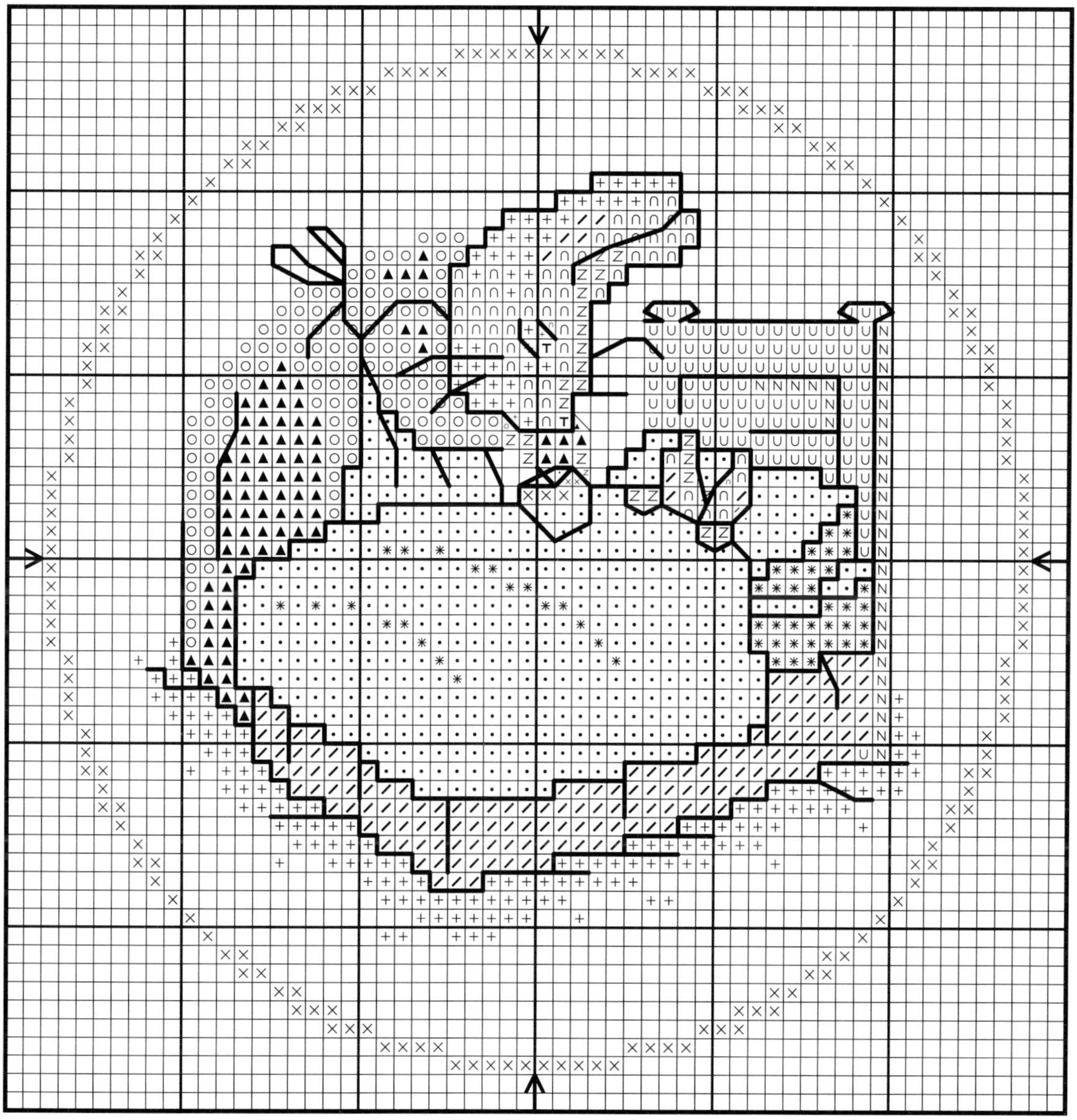

Babar

Vor mehr als 60 Jahren erfand eine Mutter in Paris eine Gutenachtgeschichte über einen kleinen Elefanten, der zu einem klugen und viel geliebten König heranwuchs. Cécile de Brunhoffs Söhne waren davon dermaßen verzaubert, dass sie die Geschichte ihrem Vater, einem Maler, erzählten und ihn überredeten, Bilder dazu zu malen. Die Abenteuer von Babar, dem Elefanten mit dem leuchtend grünen Anzug und der roten Halsschleife, wurden mit Hilfe zweier Onkel, die im Verlagswesen tätig waren, produziert – ein Klassiker der Kinderbuchliteratur war geboren! Jean de Brunhoff schrieb und bebilderte weitere elf Babar-Bücher, bevor er an Tuberkulose starb. Bei einem solchen familiären Engagement war es fast selbstverständlich, dass der älteste Sohn Laurent, der damals die Gutenachtgeschichten so geliebt hatte, die Tradition fortsetzte. Viele der Bücher sind seither aus dem Französischen in zwölf Sprachen übersetzt worden, und Babar gewinnt bereits als Zeichentrickfigur Freunde in aller Welt.

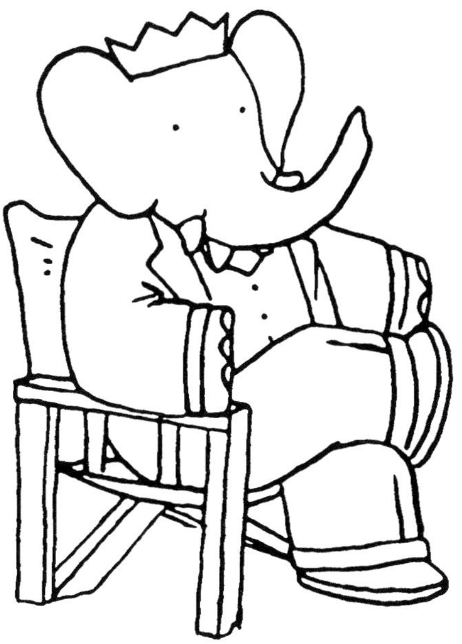

THE STORY
BABAR
the little elephant

Babar und Celeste

Leuchtende, klare Farben ziehen die Blicke von Babys auf sich. Diese beiden Puppen werden schnell zu wunderbaren Freunden.

Material: 25 x 20 cm weißes Aida 11
25 x 20 cm Rückseitenstoff
Polyesterwatte zum Füllen
Anchor Sticktwist wie aufgelistet

Motivgröße: 62 Kästchen hoch, 51 breit für Babar
63 Kästchen hoch, 41 breit für Celeste

Anleitung: Sticken Sie die Figuren auf Aida und bügeln Sie die fertige Arbeit sorgfältig. Schneiden Sie die Motive mit 2 cm Nahtzugabe aus und fassen Sie die Kanten mit Zickzackstich ein. Schneiden und versäubern Sie auch die Rückseitenstoffe. Legen Sie Vorder- und Rückseite rechts auf rechts und nähen Sie mit 1 cm Nahtzugabe um die Form. Lassen Sie eine Wendeöffnung von einigen Zentimetern offen.

Wenden Sie das Püppchen auf rechts und füllen Sie es mit Polyesterwatte. Schließen Sie die Wendeöffnung von Hand, sodass keine Watte nach außen dringen kann.

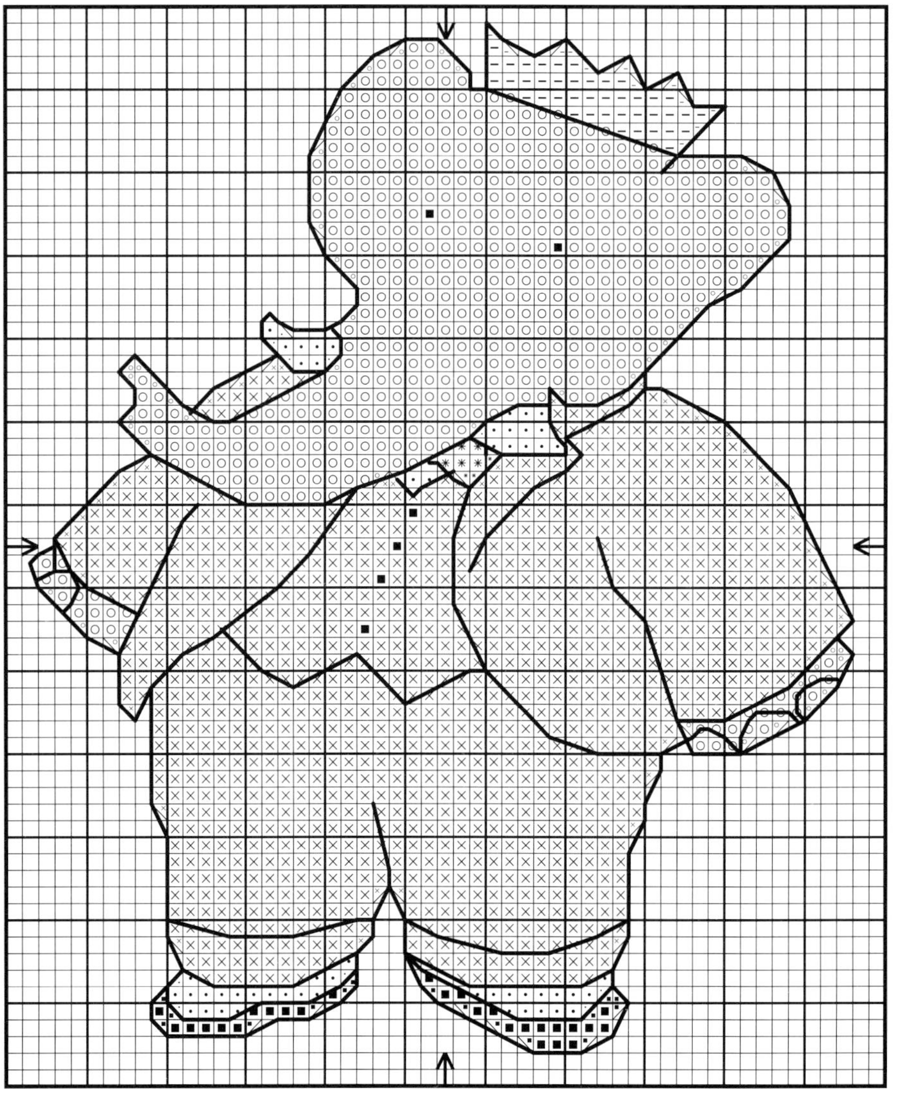

Farbschlüssel für Babar und Celeste

	Farbnr.	*Farbe*	*Stichzahl*
■	403	Schwarz	51
✱	11	Rot	8
○	231	Grau	1288
×	226	Grün	1178
+	33	Pink	1159
–	298	Gelb	99
•	1	Weiß	120
	403	Schwarz	Rückstiche

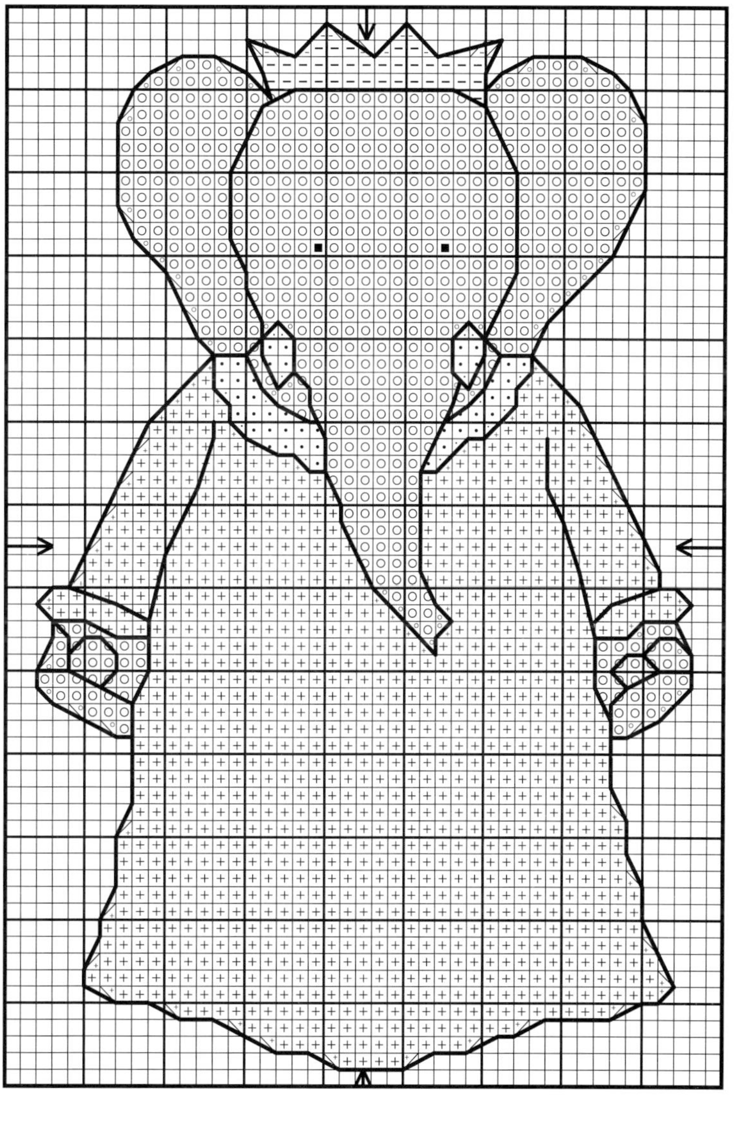

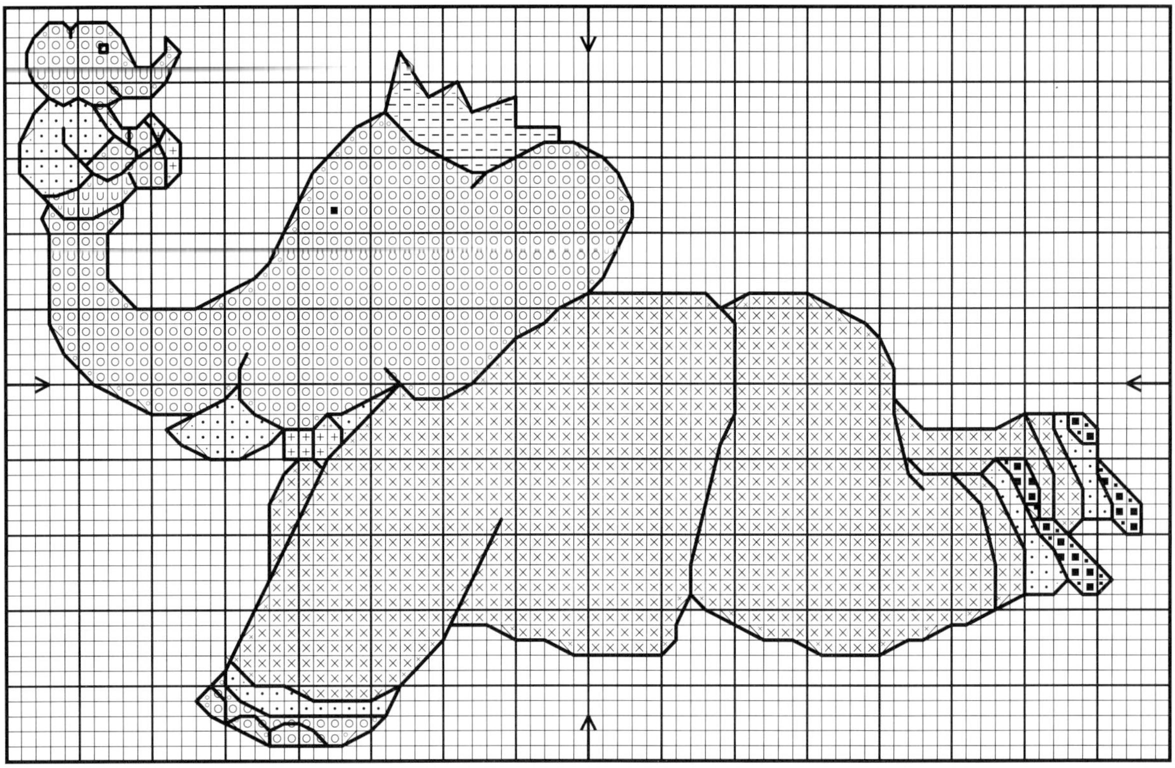

Badetuch

Mit diesem eleganten Badetuch trocknen Sie Ihr Baby und halten es warm. Auf der Mütze ist Babar mit einem seiner Kinder zu sehen.

Material: 40 x 22 cm weißes Aida 14
1,2 m x 90 cm weißer Frotteestoff
5 m weißer Schrägstreifen zum Einfassen
Anchor Sticktwist wie aufgelistet

Motivgröße: 48 Kästchen hoch, 77 breit

Anleitung: Sticken Sie das Motiv in die Mitte des Aida. Schneiden Sie ein 90 x 90 cm großes Stück Frotteestoff zu und legen Sie die gestickte Figur auf eine Ecke. Schneiden Sie die überstehenden Dreiecke des Aida-Stoffes zum rechten Winkel ab. Schneiden Sie auch ein Stück Frottee in dieser Größe zu. Runden Sie die Ecken ab und versäubern Sie die Kanten mit Zickzackstich.

Farbschlüssel für Babar mit Baby

	Farbnr.	Farbe	Stichzahl
■	403	Schwarz	34
+	11	Rot	18
O	231	Grau	556
X	226	Grün	1025
U	176	Blau	14
–	298	Gelb	44
•	1	Weiß	108
	403	Schwarz	Rückstiche

Nähen Sie die beiden Dreiecke aufeinander, das Motiv zeigt nach außen, und fassen Sie die lange Kante mit Schrägstreifen ein. Legen Sie dieses Dreieck auf eine Ecke des Frotteequadrates, das Motiv nach oben, und nähen Sie es an den beiden kurzen Kanten auf. Versäubern Sie das Badetuch rundum mit Schrägband.

Anleitung für die Größentabelle auf Seite 24

120
100
75
70
65
60 cm

Größentabelle

So eine Messlatte gehört in jedes Kinderzimmer. Als Größenmarkierung dienen kleine Stoffbändchen, die Sie von Zeit zu Zeit nach oben versetzen.

Matcrial: 96 x 22 cm weißes Aida 11
96 x 22 cm weißer Stoff
grünes Band
2 dünne Holzstäbe
Goldmetallfaden (Coats Ophir)
Anchor Sticktwist wie aufgelistet

Motivgröße: 103 Kästchen hoch, 54 breit

Anleitung: Sticken Sie das Motiv an die Oberkante des Aida-Streifens. Lassen Sie oben 7 cm für die Aufhängung frei. Die Leinen des Ballons sind lange Spannstiche aus goldenem Garn. Sticken Sie die „120 cm" 3 cm unterhalb des Motivs an die linke Seite und arbeiten Sie eine Rückstichlinie daneben (siehe Seite 62/63). Sticken Sie die „115 cm" 5 cm tiefer an die rechte Seite und setzen Sie eine Rückstichlinie daneben. Arbeiten Sie auf diese Weise die gesamte Größentabelle, jede Zahl 5 cm tiefer als die vorhergehende. Enden Sie bei 60 cm (das Band wird über Bodenhöhe aufgehängt).

Fassen Sie die Kanten des Aida mit Zickzackstich ein und bügeln Sie sorgfältig. Hinterlegen Sie das Aida mit weißem Stoff und schlagen Sie die Kanten an den langen Seiten 1 cm weit nach hinten. Bügeln Sie und nähen Sie die Seiten mit 5 mm Nahtzugabe fest. Falten Sie die obere Kante 3 cm breit nach hinten und nähen Sie 2 cm von der Oberkante quer, um den Aufhängetunnel herzustellen. Die Unterkante wird ebenso genäht.

Schneiden Sie zwei 25 cm lange Stäbchen zurecht und schieben Sie sie in die Tunnel. Binden Sie ein 40 cm langes Bändchen als Aufhängung an beide Enden des oberen Stäbchens. Ein 30 cm langes Bändchen befestigen Sie am unteren Stäbchen.

Farbschlüssel für Barbar im Ballon

	Farbnr.	*Farbe*	*Stichzahl*
✳	11	Rosa	884
O	231	Grau	191
+	226	Grün	1488
X	33	Pink	81
–	298	Gelb	74
U	1001	Ocker	280
•	1	Weiß	38

Rückstiche
403 Schwarz durchgezogene Linien
298 Gold gestrichelte Linien

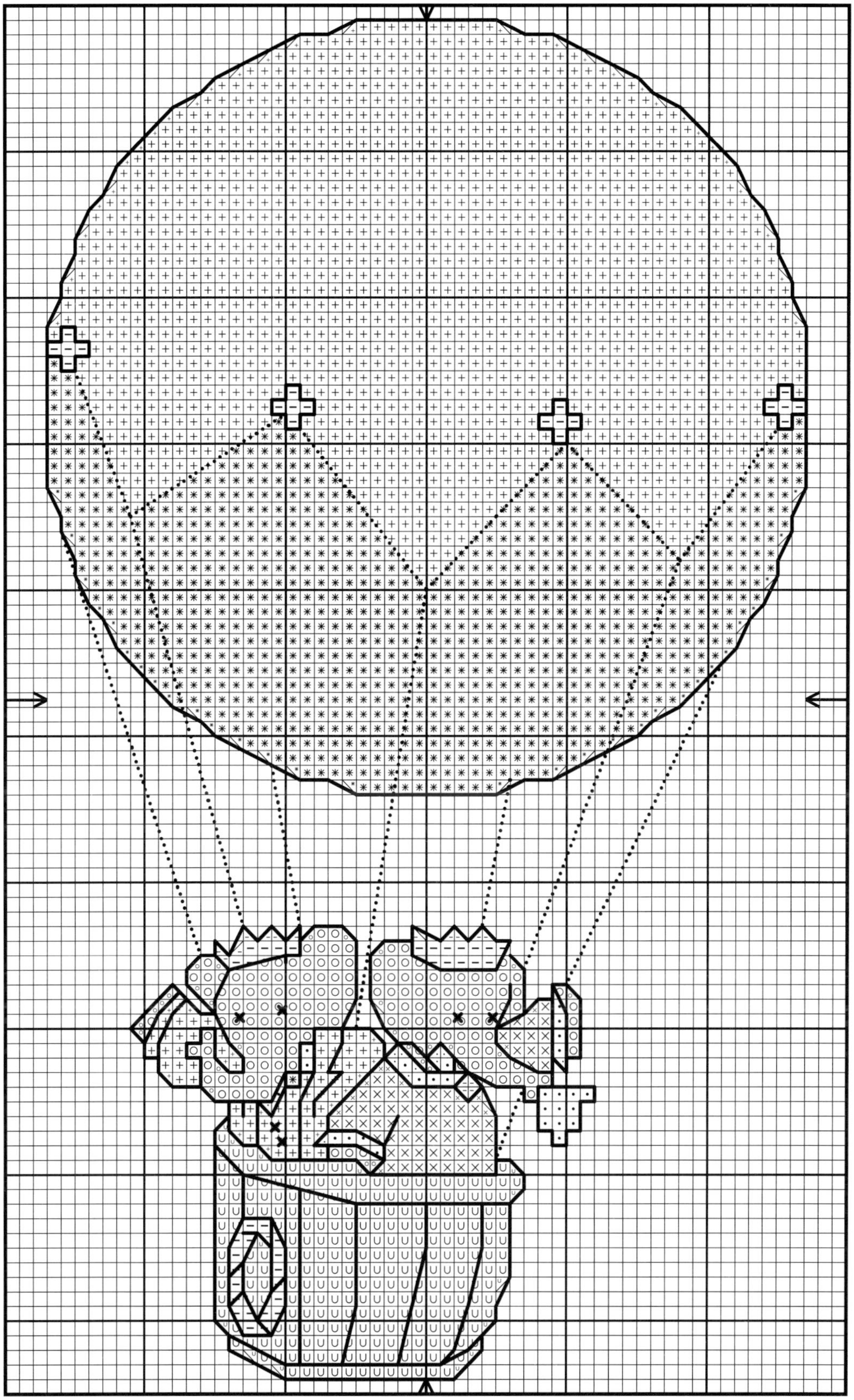

Maria

Miffy

Einfache Formen und leuchtende Farben unterscheiden Miffy und ihre Freunde von anderen Figuren und sind das Markenzeichen von Dick Bruna, einem bemerkenswert modernen Künstler und Autor. Bruna wurde 1927 in Utrecht/Niederlande geboren und malte schon als Kind sehr gerne. Sein erstes Buch wurde 1953 veröffentlicht und war auf seine Weise eine Neuheit: ein Buch, dessen Bilder tatsächlich mehr für die Kinder gedacht waren als für die Eltern. Bruna schuf Miffy, eine seiner beliebtesten Figuren, als er seine eigenen Kinder mit einem jungen Kaninchen spielen sah. Zwar wurden Brunas klare, kontrastierende Farben auch von anderen Illustratoren eingesetzt, doch keiner von ihnen hatte damit den gleichen weltweiten Erfolg. Dick Brunas Bücher mit einer ganzen Serie von Miffys Abenteuern wurden aus dem Holländischen in viele Sprachen übersetzt. Seit kurzem gibt es sogar eine Fernsehfassung. Miffy, Kitty und Schnuffi begeistern ihr junges Publikum auch heute noch so wie vor 40 Jahren.

Serviettenring

Von diesem Serviettenring blickt uns Kitty entgegen. Sie kann auch andere Partydekorationen schmücken wie kleine Bonbonsäckchen, Namensschildchen und Platzdeckchen.

Material: 20 x 10 cm weißes Aida 14
5 cm breites Aida-Band
Ring aus Pappe oder Plastik
doppelseitiges Klebeband
Anchor Sticktwist wie aufgelistet

Motivgröße: 22 Kästchen hoch, 16 breit

Anleitung: Sticken Sie die Figuren in die Mitte des Aida. Fassen Sie die Kanten mit Zickzackstich ein. Nehmen Sie ein Stück Röhre aus Pappe oder Plastik zur Hand und schneiden Sie ein 5 cm breites Stück davon ab. Bedecken Sie dieses Rohr mit doppelseitigem Klebeband und befestigen Sie die Stickerei darauf. Schließen Sie die überlappenden Enden mit Handstichen. Falten Sie die überstehenden Seitenkanten nach innen und nähen Sie sie dort mit langen Leiterstichen zusammen. Schneiden Sie ein Stück Aida-Band für die Innenseite passend zu und nähen Sie es ein.

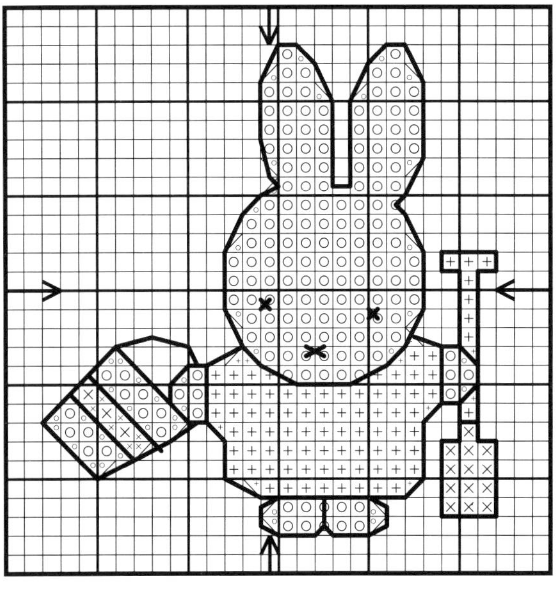

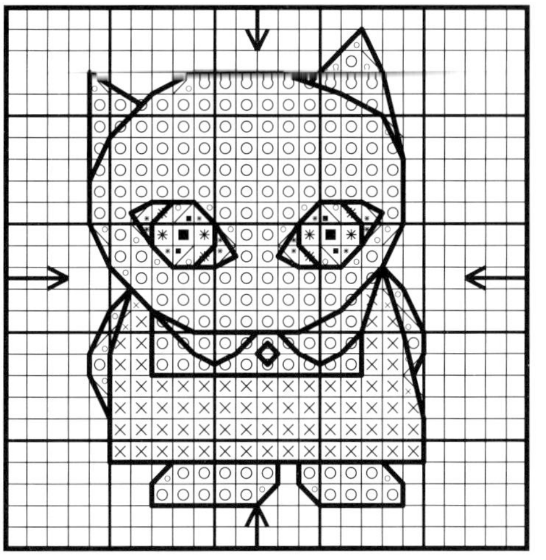

Farbschlüssel für Miffy und Kitty

	Farbnr.	Farbe	Stichzahl
■	403	Schwarz	6
+	291	Gelb	94
✳	227	Grün	20
×	178	Blau	98
○	1	Weiß	410
	403	Schwarz	Rückstiche

Kleines Säckchen

Für solch ein kleines Säckchen gibt es tausend Verwendungszwecke. Ist Miffy erst einmal gestickt, ist es in wenigen Minuten fertig genäht.

Material: 32 x 12 cm rotes Aida 14
Anchor Sticktwist wie aufgelistet

Motivgröße: 26 Kästchen hoch, 25 breit

Anleitung: Falten Sie den Stoff zur Hälfte zu einem 16 x 12 cm großen Rechteck zusammen. Sticken Sie das Motiv 2,5 cm oberhalb der Unterkante. Nähen Sie die Seitenkanten zu, das Motiv liegt dabei innen, und versäubern Sie sie mit Zickzackstich. Wenden Sie das Teil auf rechts und nähen Sie einen 1 cm breiten Saum an die Oberkante. Füllen Sie kleine Leckereien in den Sack und binden Sie ihn mit einem Bändchen zu.

Schlafanzug

Ein hübsches Kreuzstichmotiv über einen Rest von grobem Leinen gestickt ergibt einen entzückenden Schmuck für schlichte Kleidungsstücke. Hier verziert ein Engelchen aus einem Miffy-Buch ein einfaches Pyjama-Oberteil.

Material: 18 x 18 cm grobes Leinen 6,5
blaues Faservlies-Pyjamaoberteil
Anchor Sticktwist wie aufgelistet

Motivgröße: 52 Kästchen hoch, 53 breit

Farbschlüssel für den Engel

	Farbnr.	*Farbe*	*Stichzahl*
X	298	Gelb	197
O	1	Weiß	870
	403	Schwarz	Rückstiche

Anleitung: Legen Sie das Stickleinen auf das Pulloveroberteil, richten Sie es gerade aus und befestigen Sie es mit geraden und diagonalen Heftstichen. Sticken Sie das Motiv mit 3 Stickfäden. Wenn Sie fertig sind, entfernen Sie die Heftfäden, bügeln das Stück unter einem feuchten Tuch und zupfen die Fäden des Stickleinens heraus.

Die Figur kann auch auf blauem Aida gestickt werden.

Oben: Im Schlaf sehen alle Kinder wie Engelchen aus. Die Vorlage für diese schnelle Arbeit ist auf Seite 29 zu finden.

Rechts: So eine Gruppe von Fingerpüppchen auf einem Holzständer hält kleine Kinder stundenlang beschäftigt. Anleitungen auf Seite 32 und 33.

Fingerpüppchen

Dick Bruna versteht es, die Welt der Erwachsenen für Kinder zu vereinfachen. Matrose, Bauer, Ritter, Clown und Bürgermeister werden zu Fingerpüppchen für kleine Leute (siehe Foto Seite 31).

Material: 12 x 12 cm weißes Aida 14
weißer Innenstoff
farbiger Baumwollstoff
Anchor Sticktwist wie aufgelistet

Motivgröße: ca. 45 Kästchen hoch, 25 breit

Anleitung: Sticken Sie jede Figur auf ein Stück Aida. Für jedes Püppchen benötigen Sie zwei 12 cm große Quadrate aus Innenstoff und eines aus farbigem Rückseitenstoff. Legen Sie das Motiv rechts auf rechts auf den Innenstoff und nähen Sie die Unterkanten mit 5 cm Nahtzugabe zusammen. Schneiden Sie die Kante zurück und fassen Sie sie mit Zickzackstich ein. Dann wenden Sie das Teil, sodass das Motiv außen liegt und die Rückseite mit weißem Stoff bedeckt ist. Heften Sie im Abstand von 5 mm um die Figur, dies hält die Lagen aufeinander.

Farbschlüssel für die Bruna Figuren

	Farbnr.	*Farbe*	*Stichzahl*
■	403	Schwarz	653
O	235	Grau	581
–	226	Grün	500
X	146	Blau	613
+	332	Orange	1020
U	290	Gelb	615
<	1001	Braun	66
•	1	Weiß	137
	403	Schwarz	Rückstiche

Sie nähen nun auch den Innenstoff und die farbige Rückseite an der Unterkante aufeinander, schneiden die Kante zurück, versäubern mit Zickzackstich und wenden die rechte Seite nach außen.

Legen Sie beide vorbereiteten Teile an den Unterkanten rechts auf rechts aufeinander. Nähen Sie sie entlang der Außenkante des Püppchens zusammen, halten Sie sich dabei an die Heftlinie. Schneiden Sie die Kanten zurück und versäubern Sie sie mit Zickzackstich. Wenden Sie das Püppchen auf rechts und formen Sie den Kopf mit Hilfe eines Teelöffels rund.

Für den Holzständer bohren Sie Löcher in eine Holzlatte und kleben Dübelhölzer ein.

Paddington

Es gab schon viele Bären in Kindergeschichten, aber dieser kleine, pelzige Geselle im Dufflecoat und mit hochgeschlagenem Hut kann nur einer sein: Paddington. Der niedliche Bär mit einer Vorliebe für Marmelade wurde eines Tages auf dem Bahnhof von Paddington gefunden. Paddingtons Tante Lucy aus Peru hatte ihm vorsorglich ein Schild umgebunden, auf dem stand: „Bitte kümmern Sie sich um diesen Bären“, und so folgte er den Browns in das Haus Windsor Gardens Nr. 32. Als Michael Bond Ende 1950 seine Geschichte „Paddington“ schrieb, schuf er eine wundervolle Gestalt, durch die ganz einfache Dinge – wie ein Bad zu nehmen, die Wohnung zu schmücken oder ins Kino zu gehen – zu außergewöhnlichen Erlebnissen wurden. Auch die nachfolgenden Abenteuer erfreuten die Kinder weit und breit, und die vielen Bilderbücher über Paddington, die im Anschluss entstanden, machten ihn sogar bei den Jüngsten zum beliebten Helden. Schließlich muss ein Bär, der für Notfälle stets ein Marmeladenbrot unter seinem Hut versteckt, etwas ganz Besonderes sein.

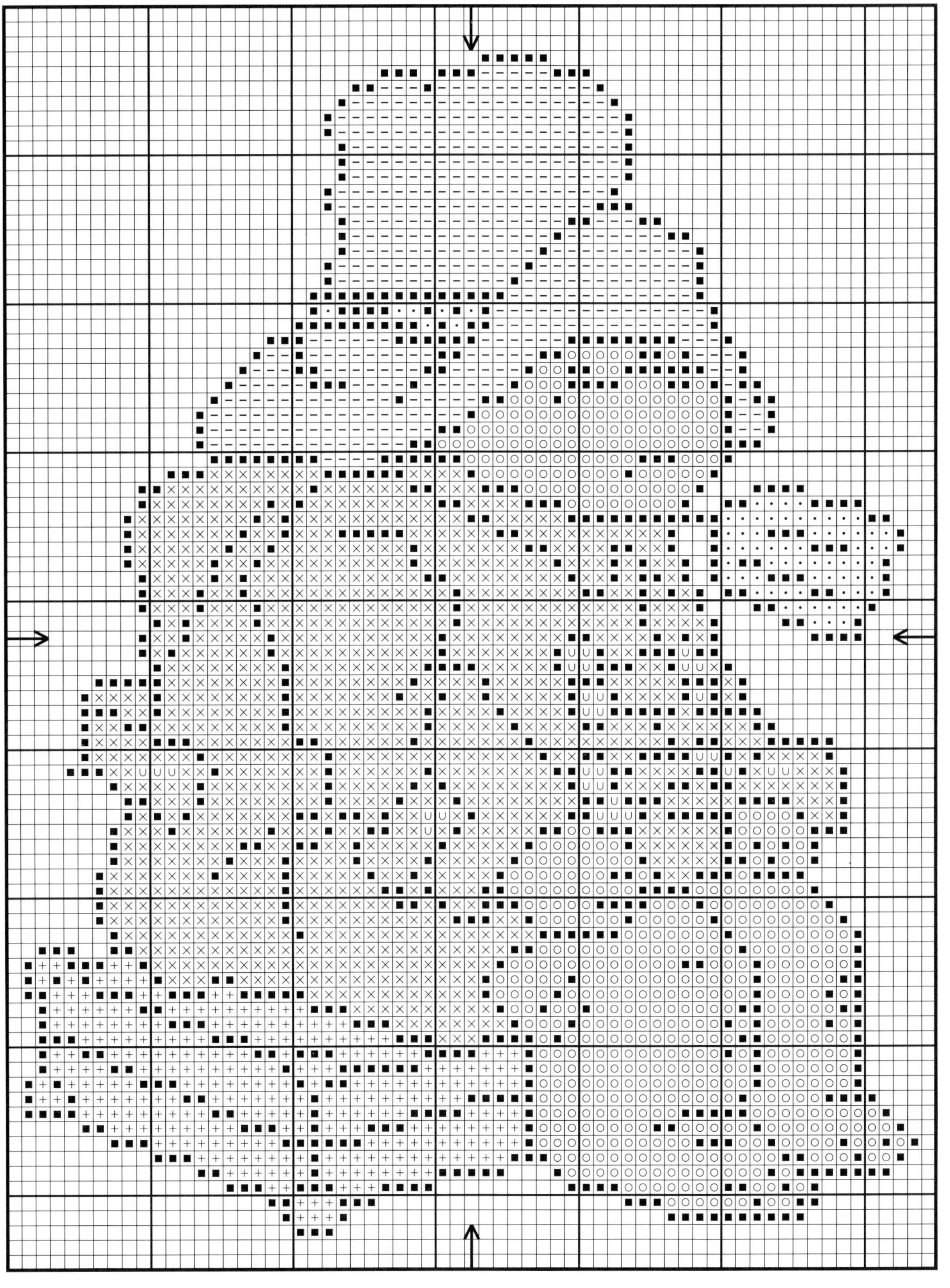

T-Shirt

Dies ist das Bild, das die Kinder von Paddington haben: Soeben angekommen aus Peru, sitzt er auf seinem Koffer. Anstelle von Rückstichen sind seine Umrisse mit schwarzen Kreuzstichen gearbeitet. Auf Seite 35 ist das Motiv auf einem Rollkragenpulli zu sehen.

Material: 25 x 30 cm grobes Stickleinen 14
weißes T-Shirt oder Rollkragenpulli
Anchor Sticktwist wie aufgelistet

Motivgröße: 80 Kästchen hoch, 63 breit

Anleitung: Legen Sie das Stickleinen gerade auf die Vorderseite des Pullis und heften Sie es entlang der Kanten und diagonal fest.

Sticken Sie die Figur mit zwei Garnfäden. Wenn Sie fertig sind, entfernen Sie die Heftfäden, bügeln die Stickerei unter einem feuchten Tuch und ziehen die Leinenfäden vorsichtig heraus. Bügeln Sie die Arbeit vorsichtig.

Farbschlüssel: Paddington wartet

	Farbnr.	*Farbe*	*Stichzahl*
■	403	Schwarz	1454
+	352	Rotbraun	737
O	372	Hellbraun	1527
−	46	Rot	1171
X	132	Blau	2574
U	298	Gelb	71
•	1	Weiß	159

Platzdeckchen

Paddingtons Marmeladenträume passen gut auf den Frühstückstisch.

Material: 21 x 21 cm cremefarbenes Aida 11
Anchor Sticktwist wie aufgelistet

Motivgröße: 53 Kästchen hoch, 53 breit

Anleitung: Sticken Sie die Figur auf das Aida. Fassen Sie die Kanten 1 cm vom Rand entfernt mit Zickzackstich und einem cremefarbenen Faden ein. Zupfen Sie das Aida außerhalb der Zickzacknaht zu einer 1 cm breiten Fransenkante aus. Besonders haltbar wird das Platzdeckchen, wenn Sie es laminieren.

Farbschlüssel: Paddington träumt

	Farbnr.	*Farbe*	*Stichzahl*
■	403	Schwarz	14
✱	47	Dunkelrot	39
O	372	Hellbraun	289
U	363	Braun	31
+	291	Gelb	287
X	46	Rot	952
–	316	Orange	52
•	300	Creme	30
	403	Schwarz	Rückstiche

Farbschlüssel: Paddington kauft ein

	Farbnr.	*Farbe*	*Stichzahl*
■	403	Schwarz	17
✳	47	Dunkelrot	69
O	372	Hellbraun	277
Z	365	Braun	64
•	900	Grau	52
N	46	Rot	222
X	226	Grün	7
−	316	Orange	75
<	300	Creme	68
+	132	Blau	588
U	298	Gelb	8
	403	Schwarz	Rückstiche

Einkaufstasche

Diese praktische Tasche, die Paddington zeigt, wie er gerade seine Marmeladenvorräte nach Hause transportiert, finden Sie auf Seite 42. Besonders strapazierfähig wird die Tasche, wenn Sie sie mit wasserdichtem Material füttern.

Material: 62 x 28 cm cremefarbenes Aida 11
70 cm cremefarbenes Aida-Band, 2,5 cm breit
Anchor Sticktwist wie aufgelistet

Motivgröße: 54 Kästchen hoch, 54 breit

Anleitung: Fassen Sie die Kanten des Aida mit Zickzackstich ein. Nähen Sie einen 2 cm breiten Saum an beide kurzen Kanten. Sticken Sie das Motiv so auf die Fläche, dass es ca. 7 cm von der genähten Oberkante entfernt sitzt. Bügeln Sie die Stickerei sorgfältig.

Markieren Sie an jeder gesäumten Kante zwei Punkte, jeweils 8,5 cm von den Seiten entfernt. Für die Tragegriffe schneiden Sie das Aida-Band in zwei 35 cm lange Stücke und säumen jedes Ende 2 cm breit um. Stecken Sie jedes Ende der beiden Griffe an einem der Markierungspunkte fest. Nähen Sie die umgeschlagenen Enden der Bänder an diesen Stellen zweimal kreuzförmig fest, sodass die Tragegriffe sicher befestigt sind.

Falten Sie den Stoff mit dem Motiv nach außen Kante an Kante zusammen. Stecken Sie an den Seiten 5 cm oberhalb der gefalteten Kante je eine Stecknadel ein. Klappen Sie Vorder- und Rückseite der Tasche nach unten, sodass das Motiv innen liegt und sich eine Falte auf der Taschenunterkante bildet. Nähen Sie mit 1 cm Nahtzugabe beide Seitenkanten zusammen. Wenden Sie die gesamte Tasche auf rechts.

Hier sehen Sie an der zusammengelegten Einkaufstasche die beiden Stecknadeln, 5 cm oberhalb der Unterkante.

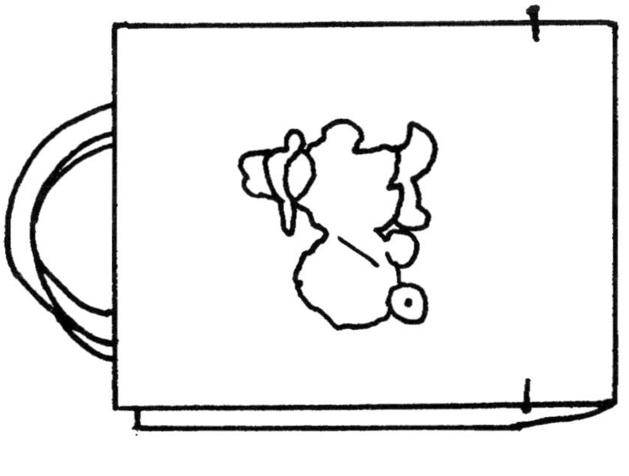

Wenn Vorder- und Rückseite nach unten geklappt werden, bildet sich die Bodenfalte.

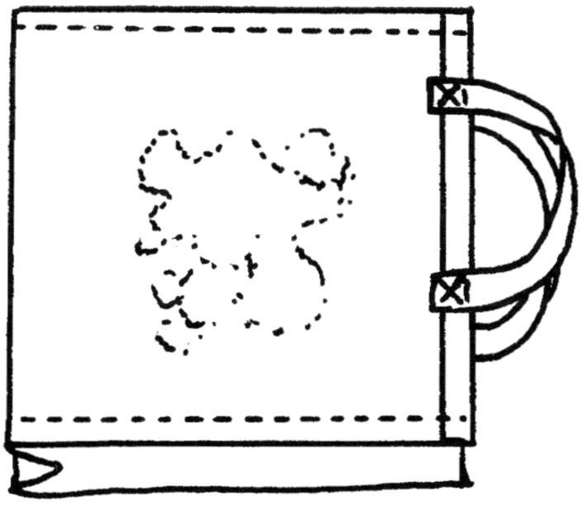

Eine kleine Einkaufstasche für eine kleine Person. Anleitung und Zählmuster dazu finden Sie auf den vorangegangenen Seiten.

Eine Schürze ist hilfreich beim Kochen, Basteln, Gärtnern und anderen Arbeiten. Anleitung ab Seite 44.

Farbschlüssel: Paddington arbeitet im Garten

	Farbnr.	Farbe	Stichzahl
■	403	Schwarz	14
+	372	Braun	298
×	46	Rot	596
N	238	Grün	54
✳	326	Braunorange	12
U	304	Orange	155
O	132	Blau	231
−	298	Gelb	27
	403	Schwarz	Rückstiche

Kinderschürze

Paddington ist ein Bär, der überall und gerne helfen möchte, aber jedes Mal ein Durcheinander verursacht. Bei einigen Arbeiten ist eine Schürze, wie auf Seite 43 abgebildet, unentbehrlich.

Material: 18 x 18 cm cremefarbenes Aida 11
18 x 18 cm cremefarbener Rückseitenstoff
55 x 55 cm farbiger Stoff
3 m kontrastfarbener Schrägstreifen
Anchor Sticktwist wie aufgelistet

Motivgröße: 54 Kästchen hoch, 57 breit

Anleitung: Sticken Sie das Motiv auf Aida und bügeln Sie die fertige Arbeit. Hinterlegen Sie das bestickte Quadrat mit dem Rückseitenstoff und fassen Sie die Kanten mit Schrägstreifen ein. Dies wird die Schürzentasche. Zeichnen Sie den Schürzenschnitt vergrößert auf einen großen Bogen Papier. Die Schürze soll 55 cm hoch und bis zum Stoffbruch 22 cm breit werden.

Falten Sie den großen, farbigen Stoff längs zur Hälfte und stecken Sie den Papierschnitt so auf, dass die gestrichelte Linie am Stoffbruch liegt. Schneiden Sie den Stoff in Schürzenform zu. Entfernen Sie den Papierschnitt und versäubern Sie die Kanten mit Zickzackstich.

Nähen Sie jede gerade Kante mit einem 1 cm breiten Saum um. Stecken Sie einen 210 cm langen Schrägstreifen um die Armausschnitte herum fest und formen Sie daraus auch die Nackenschlaufe und die Bindebänder. Achten Sie darauf, dass die Bindebänder gleich lang sind. Beginnen Sie an einem Ende des Schrägstreifens, diesen zusammenzunähen. Nähen Sie auch um die Armlöcher herum und am Nackenband entlang bis zum anderen Ende des zweiten Bindebandes.

Platzieren Sie die Tasche auf der Schürzenvorderseite, 4 cm von der oberen Kante entfernt. Mit cremefarbenem Nähgarn nähen Sie nun die Tasche an den Seiten und der Unterkante fest.

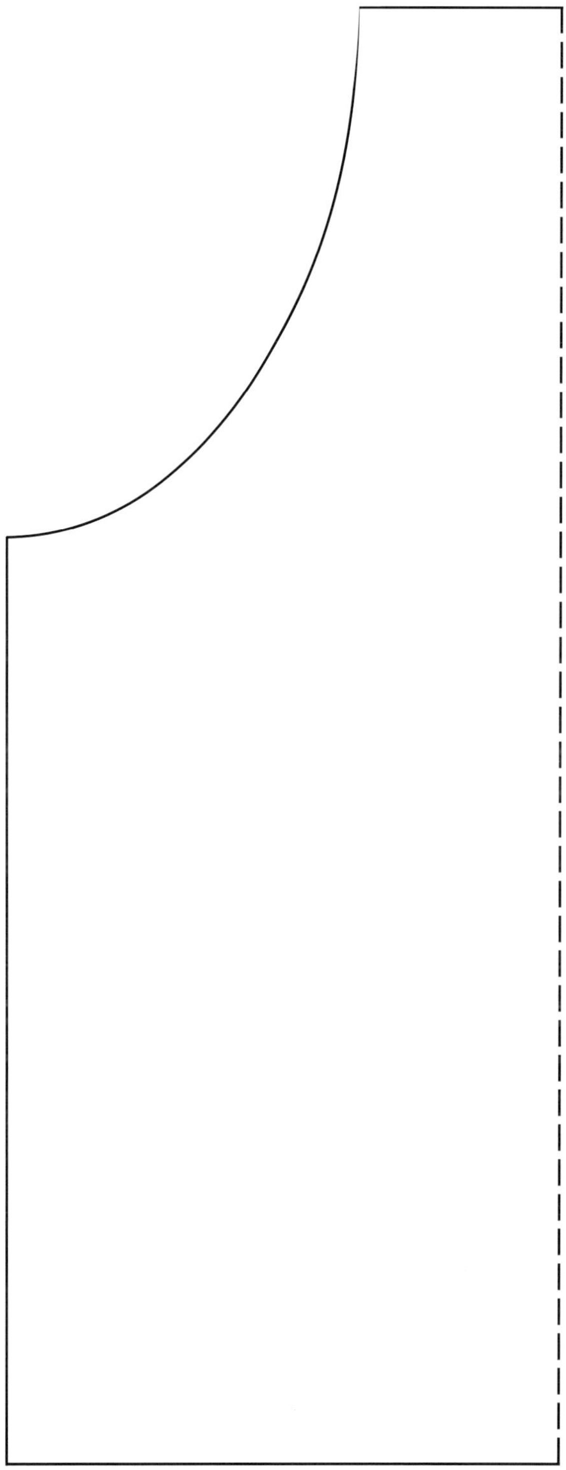

OKIE DOKIE

Mausi

Alle Kinder lieben Mausi! Mausi ist kein scheues Nagetier, das sich versteckt – im Gegenteil: Sie ist ein quicklebendiges Mäusekind, voller Energie und Witz. Mausibücher sind weniger Geschichtenbücher als Momentaufnahmen aus dem Leben eines Kindes – in der Spielgruppe, auf dem Spielplatz oder im Bettchen – und führen zahlreiche Gegenstände vor, die von Kindern gerne benannt werden. Außerdem enthalten sie Aufklappbilder und kleine Schiebetäfelchen, die einen Floh unter einem Elefanten enthüllen oder eine Schildkröte auf der Ukulele musizieren lassen. Mausis Schöpferin Lucy Cousins hat eine Reihe fröhlicher und lehrreicher Bücher veröffentlicht, mit und ohne unsere Heldin. Erst vor kurzem schuf sie für Mausi ein Haus in einem ganz außergewöhnlichen Klappbilderbuch, in dem sich Räume und Wände aufrichten, Bilder hervortreten und zum Spielen herausfordern. Lucy Cousins hat selbst kleine Kinder. Dies erklärt, warum es ihr so außerordentlich gut gelingt, Kinderblicke anzuziehen und kleine Herzen zu erobern.

Latzhosen

Dieses Bild, das Mausi auf ihrem Dreirad zeigt, schmückt den Latz der Kinderhose von Seite 46.

Material:	20 x 20 cm weißes Aida 14 weißer Rückseitenstoff Latzhose farbiger Schrägstreifen Anchor Sticktwist wie aufgelistet

Motivgröße: 50 Kästchen hoch, 38 breit

Farbschlüssel für beide Mausi-Motive

	Farbnr.	*Farbe*	*Stichzahl*
■	403	Schwarz	438
○	11	Rot	185
+	1012	Pfirsich	198
–	146	Blau	27
▲	209	Grün	180
×	298	Gelb	5
•	1	Weiß	160
	Rückstiche		
	1012	Pfirsich	Schnurrhaare
	403	Schwarz	alles andere

Anleitung: Sticken Sie die Figur auf Aida. Der Rückstich wird mit 2 Garnfäden gearbeitet, ausgenommen die Schnurrhaare, die mit 3 Garnfäden gestickt werden.

Schneiden Sie den Stoff in der Größe der vorgesehenen Latzhosenverzierung zu und hinterlegen Sie ihn mit dem weißen Rückseitenstoff. Legen Sie einen Schrägstreifen um die gesamte Form und falten Sie ihn um die offenen Kanten. Nähen Sie um den ganzen Schrägstreifen herum und fassen Sie gleichzeitig die Stofflagen mit. Stecken Sie das Motiv auf die Latzhose und nähen Sie es fest. Wenn es eine Tasche werden soll, nähen Sie das Motiv nur unten und an den Seiten fest.

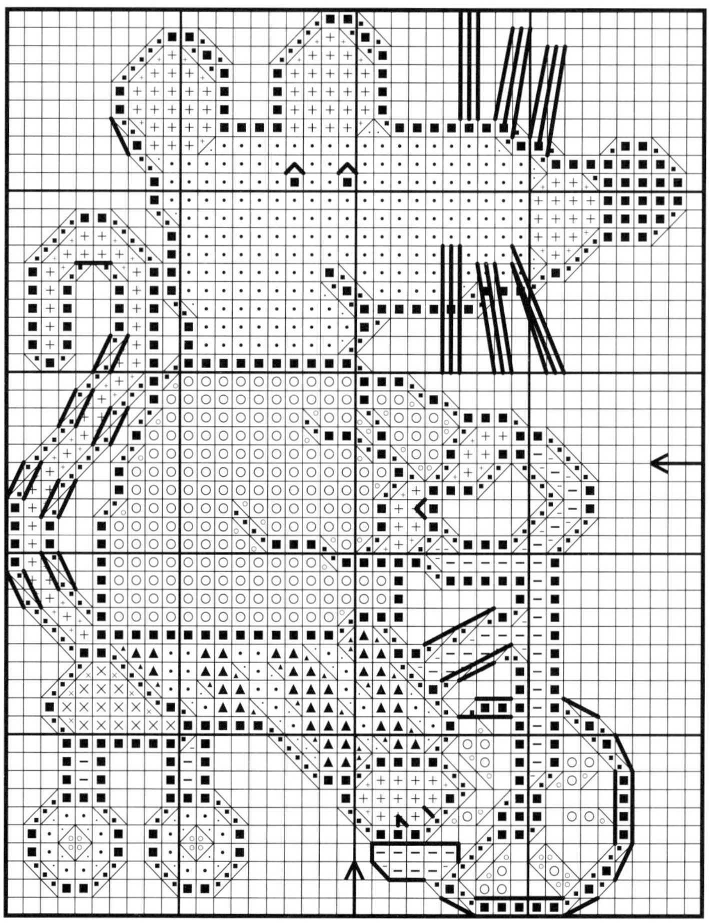

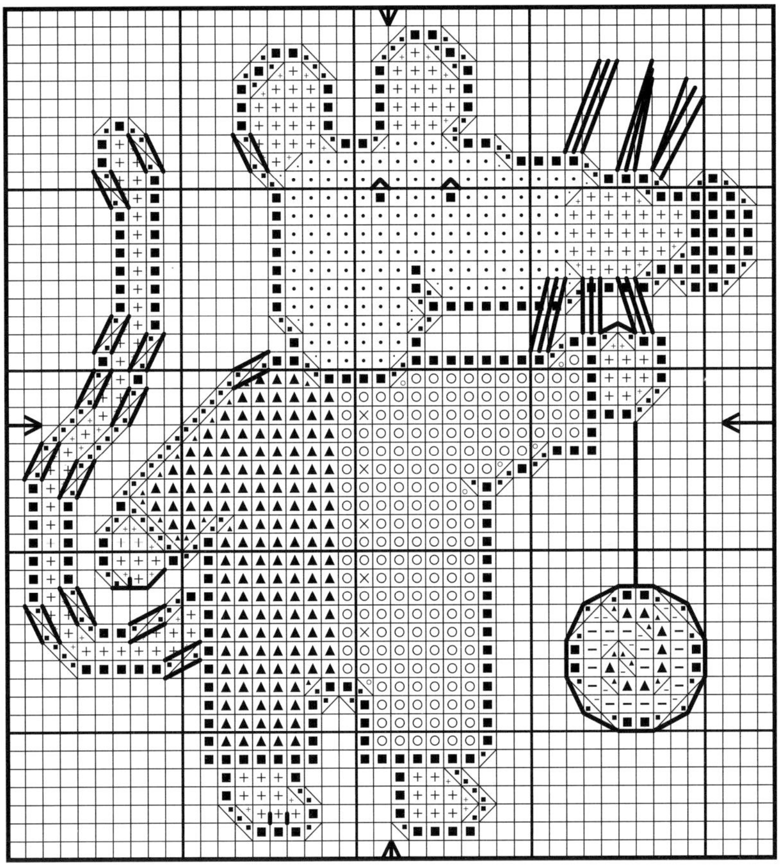

Täschchen

In dem kleinen Täschchen von Seite 46 findet auch das kostbare Jo-Jo Platz.

Material:	15 x 15 cm weißes Aida 14 weißer Innenstoff farbiger Stoff Schrägstreifen farbige Kordel Anchor Sticktwist wie aufgelistet
Motivgröße:	45 Kästchen hoch, 42 breit

Anleitung: Sticken Sie das Motiv mittig auf das Aida, unterlegen Sie es mit einem 12 x 12 cm großen Stoffquadrat. Falten Sie alle Kanten des Aida 2 cm nach hinten und heften Sie die umgeschlagenen Kanten fest. Der Rückstich wird mit 2 Garnfäden gearbeitet, die Schnurrhaare mit 3.

Für das Beutelchen schneiden Sie zwei 15 x 19 cm große farbige Stoffstücke zu. Legen Sie diese rechts auf rechts und schließen Sie drei der Kanten mit 1 cm Nahtzugabe. Eine kurze Kante bleibt offen. Falten Sie diese Kante zweimal um und nähen Sie sie mit einem 1 cm breiten Saum fest.

Schneiden Sie ein ausreichend langes Stück Kordel zurecht und tauchen Sie die Enden in Weißleim, damit sie nicht aufgehen. Nähen Sie jedes Ende entlang den Seiten fest. Nun wenden Sie das Täschchen auf rechts. Nähen Sie auf die Vorderseite nahe der Öffnung einen großen Knopf. An der rückwärtigen Oberkante befestigen Sie eine Schlaufe aus Stickgarn, die sie mit Knopflochstichen verstärken.

Nähen Sie das Kreuzstichmotiv auf die Vorderseite des Täschchens.

Musikparade

Mausi und ihre Freunde veranstalten eine lustige Musikparade. Die Tiere können auch einzeln auf kleine Gegenstände gestickt werden.

Material: 50 x 30 cm weißes Aida 11
feste, weiße Pappe
Acrylfarben
Anchor Sticktwist wie aufgelistet

Motivgröße: 46 Kästchen hoch, 138 breit

Anleitung: Versäubern Sie die Kanten mit Zickzackstich und sticken Sie dann das gesamte Motiv in die Mitte. Der Rückstich wird mit 2 Garnfäden gestickt, die Schnurrhaare mit 3, die Saiten der Ukulele mit einem einzelnen Faden. Bügeln Sie die Arbeit sorgfältig.

Schneiden Sie ein 35 x 15 cm großes Stück Pappe zurecht und legen Sie die Stickerei gerade ausgerichtet darüber. Falten Sie die Stoffkanten nach hinten und stecken oder kleben Sie sie mit Klebeband fest. Nähen Sie Ober- und Unterkante mit langen Spannstichen zusammen. Wiederholen Sie dies bei den Seitenkanten.

Schneiden Sie eine 45 x 25 cm große, weiße Pappe als Bildträger zurecht. Zeichnen Sie einen 5 cm breiten Rand auf und bemalen Sie ihn mit großen Quadraten in leuchtenden Farben. Wenn die Farbe trocken ist, kleben Sie das verstärkte Stickbild auf den Rahmen. Befestigen Sie auf der Rückseite eine Aufhängeschnur.

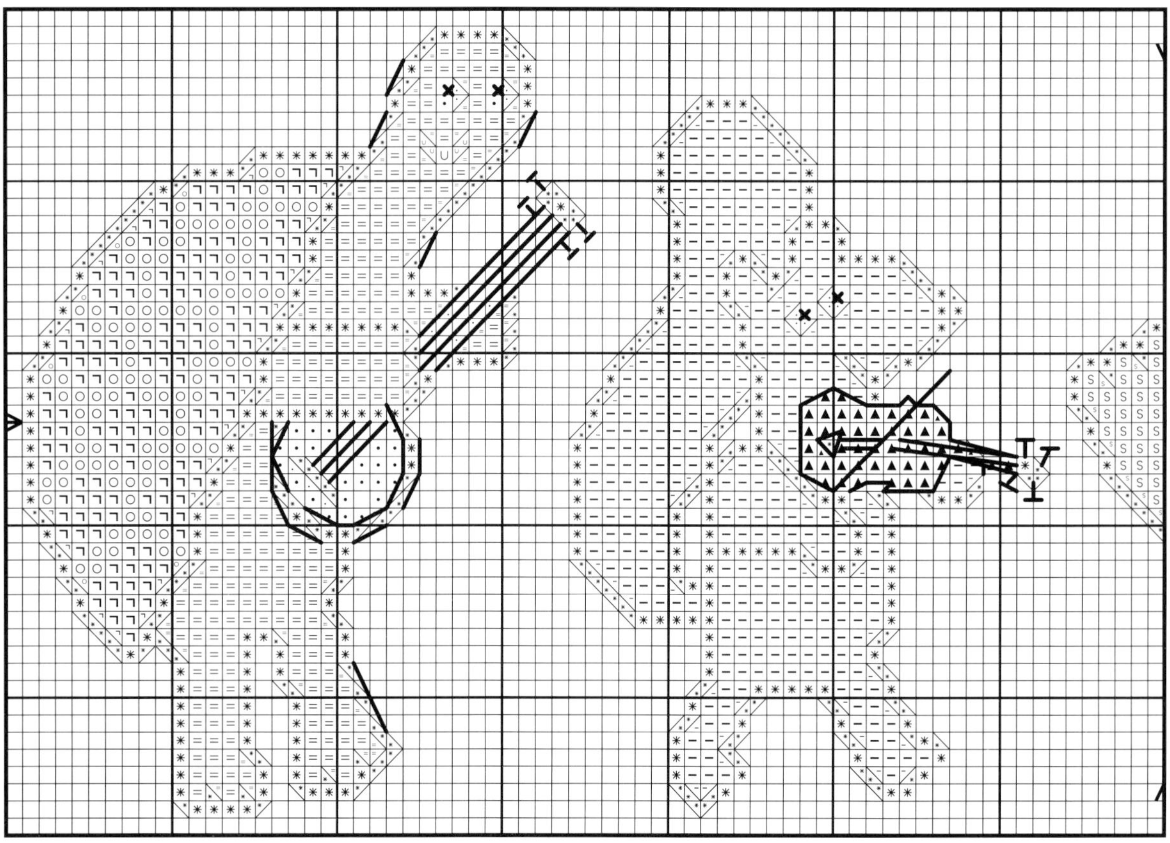

Farbschlüssel für Mausis Musikparade

	Farbnr.	*Farbe*	*Stichzahl*
✱	403	Schwarz	1325
U	11	Rot	39
−	358	Braun	419
▲	363	Goldbraun	48
O	877	Blaugrün	110
X	1012	Pfirsich	181
<	146	Blau	138
¬	923	Dunkelgrün	173
=	209	Hellgrün	313
+	274	Grau	103
N	925	Orange	65
S	298	Gelb	433
4	69	Lila	66
•	1	Weiß	206

Rückstiche

1012	Pfirsich	Schnurrhaare
877	Blaugrün	Ukulele-Saiten
274	Grau	Violin-Saiten
403	Schwarz	alles andere

Maisy ™

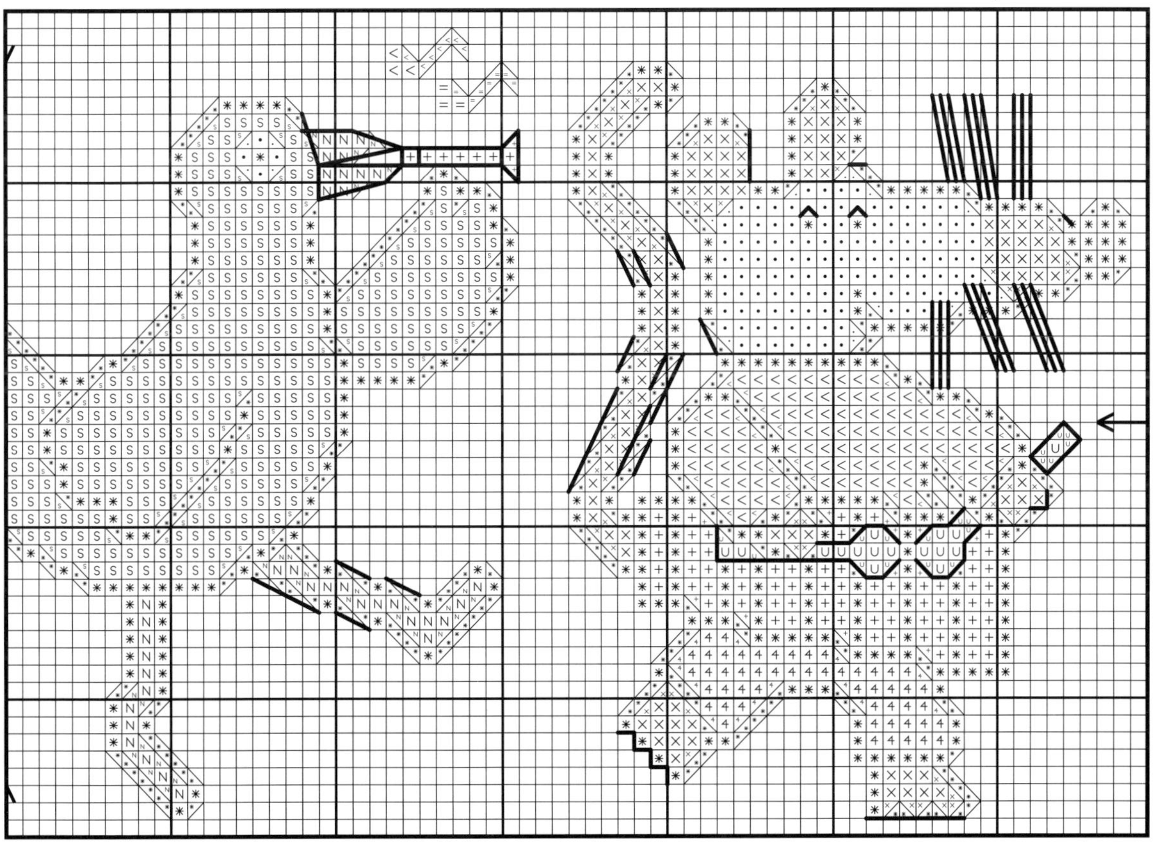

Elmar

Als Elmar, der bunt karierte Elefant von David McKee, in der Welt der Kinderbücher auftauchte, hat er großen Eindruck gemacht. Die Kinder lieben ihn, weil seine leuchtende Patchwork-Haut so wunderbar selbst bemalt aussieht. Und manchmal wechseln die Quadrate sogar die Farbe! Elmar ist der Held vieler Abenteuer in Vorlesebüchern, Bilderbüchern und sogar in einem Aufklappbuch. Er ist etwas Besonderes und hat einen eigenen Sinn für Humor und eine große Vorliebe für Streiche, die er seinen Freunden mit viel Einfallsreichtum spielt. Elmar lebt in einer herrlichen Welt – im üppig grünen Dschungel und in weiten Landschaften mit exotischen Pflanzen und mit seltsamen blau gefiederten Vögeln. Die Abenteuer und Missgeschicke, die ihm hier begegnen, begeistern Kinder von China bis Finnland, in Japan gibt es sogar ein Theaterstück über ihn!

Wandbehang mit Taschen

In die Taschen des Wandbehangs von Seite 54 räumen die Kinder ihre Spielsachen gerne ein und spielen dabei mit Elmar und seinen Freunden Verstecken.

Material: 48 x 30 cm graues Aida 14
Futterstoff
Rückseitenstoff
Holzstäbchen
farbiger Schrägstreifen
Anchor Sticktwist wie aufgelistet

Motivgröße: 47 Kästchen hoch, 62 breit

Anleitung: Schneiden Sie fünf 15 x 16 cm große Stücke Aida zu. Auf vier davon sticken Sie die einfachen Elefanten in Rückstich mit 2 Garnfäden. Auf das fünfte Stück arbeiten Sie Elmar in vielen Farben, für den Rückstich nehmen Sie einen einzelnen Stickfaden.

Hinterlegen Sie jedes gestickte Teil mit weißem Stoff und heften Sie beides entlang den Kanten aufeinander. Legen Sie einen Schrägstreifen um den Rand, sodass die offenen Kanten versäubert sind. Nähen Sie den Schrägstreifen an. Sie haben nun fünf fertige Teile.

Schneiden Sie ein Stück Stoff von 55 x 65 cm Größe zu und einen ebenso großen Rückseitenstoff. Nähen Sie beide Teile an den Seiten und an der Unterkante aufeinander. Wenden Sie das Ganze auf rechts und falten Sie den Stoff der Oberkante zweimal nach innen. Falten Sie drei 12 cm lange Stücke Schrägstreifen zur Hälfte. Stecken Sie je eine dieser Schlaufen an die Seiten und eine in die Mitte der Oberkante. Nähen Sie die Oberkante von Hand zu und fassen Sie dabei die Aufhängeschlaufen extra fest mit.

Verteilen Sie die fünf Stickbilder auf dem Hintergrund und stecken Sie sie fest. Nähen Sie die Taschen jeweils an 3 Seiten fest.

Farbschlüssel für Elmar und seine Freunde

	Farbnr.	*Farbe*	*Stichzahl*
X	403	Schwarz	138
■	400	Grau	48
–	235	Hellgrau	35
N	119	Lila	268
+	13	Rot	356
T	226	Grün	251
Z	324	Orange	317
O	290	Gelb	258
<	433	Blau	207
U	62	Pink	315
•	1	Weiß	130

Rückstiche
403 Schwarz — Auge
236 Dunkelgrau — alles andere

Schneiden Sie einen 55 cm langen Holzstab zurecht und malen Sie ihn farbig an. Führen Sie den Stab durch die Schlaufen und hängen Sie den Wandbehang an zwei Haken auf.

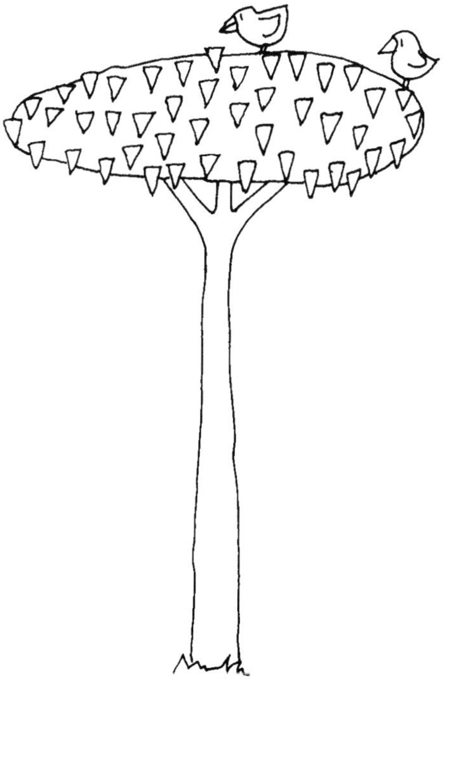

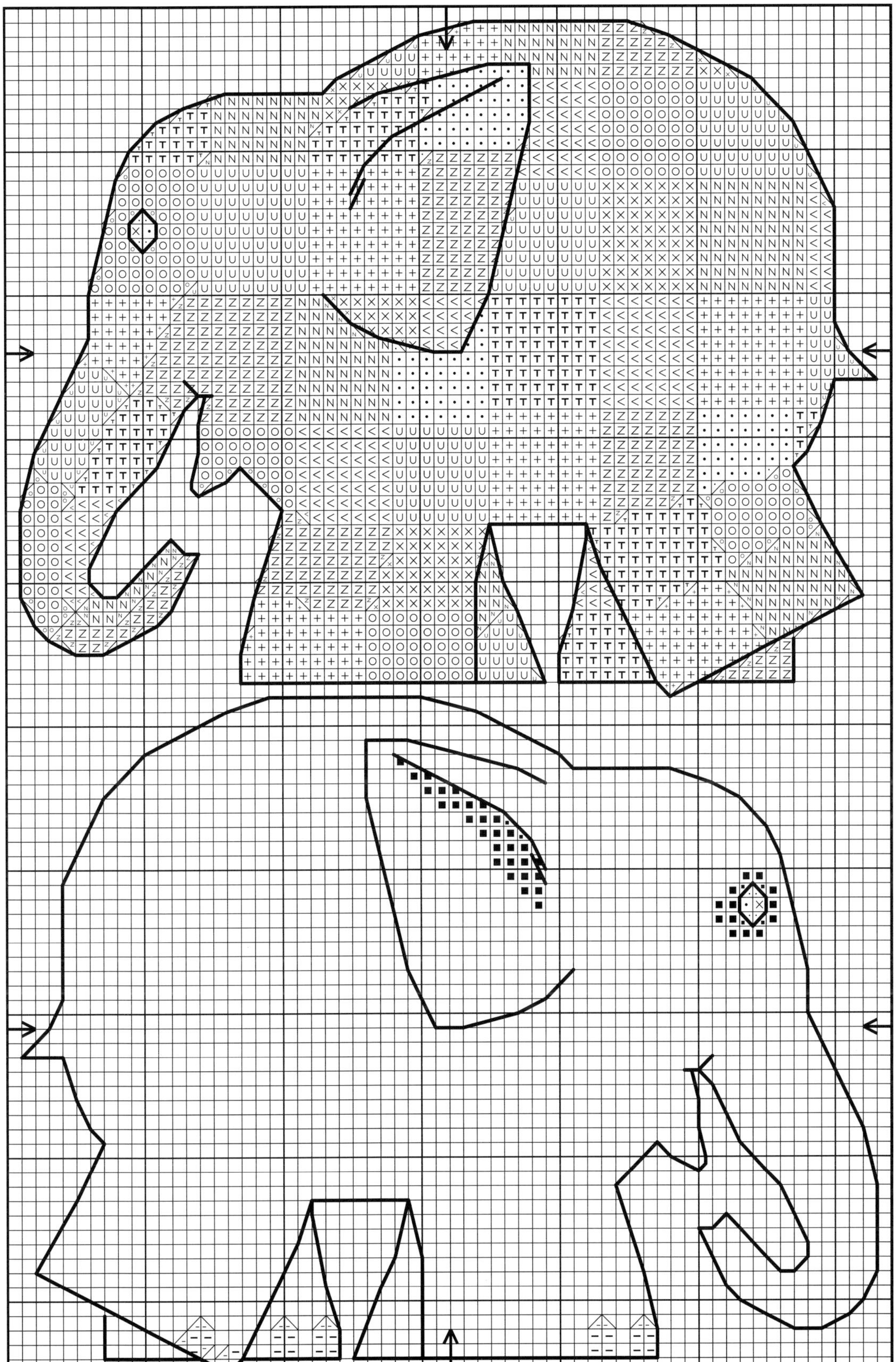

Magnete

Befestigen Sie Kinderzeichnungen und Merkzettel mit diesen Magneten, die Elmar und seinen schwarzweißen Cousin Willi zeigen, an der Kühlschranktür.

Material:	30 x 20 cm weißes Aida 14 weißer Rückseitenstoff feste, weiße Pappe kleine Magnete Anchor Sticktwist wie aufgelistet
Motivgröße:	37 Kästchen hoch, 41 breit

Anleitung: Schneiden Sie 15 x 10 cm große Stücke Aida zu. Sticken Sie Elmar auf das eine und Willi auf das andere Stück.

Um die Magnete herzustellen, legen Sie zuerst den weißen Rückseitenstoff rechts auf rechts auf die Stickbilder. Nähen Sie im Bogen um das Motiv, lassen Sie die Unterkante offen und wenden Sie auf rechts.

Schneiden Sie die weiße Pappe passend zurecht und schieben Sie sie in die Stickerei. Schließen Sie die Unterkante und kleben Sie einen Magneten auf die Rückseite.

Farbschlüssel für Elmar und Willi

	Farbnr.	Farbe	Stichzahl
X	403	Schwarz	500
–	119	Lila	106
O	13	Rot	194
+	226	Grün	137
U	324	Orange	116
┐	290	Gelb	119
T	433	Blau	120
<	62	Pink	108
•	1	Weiß	582
	403	Schwarz	Rückstiche

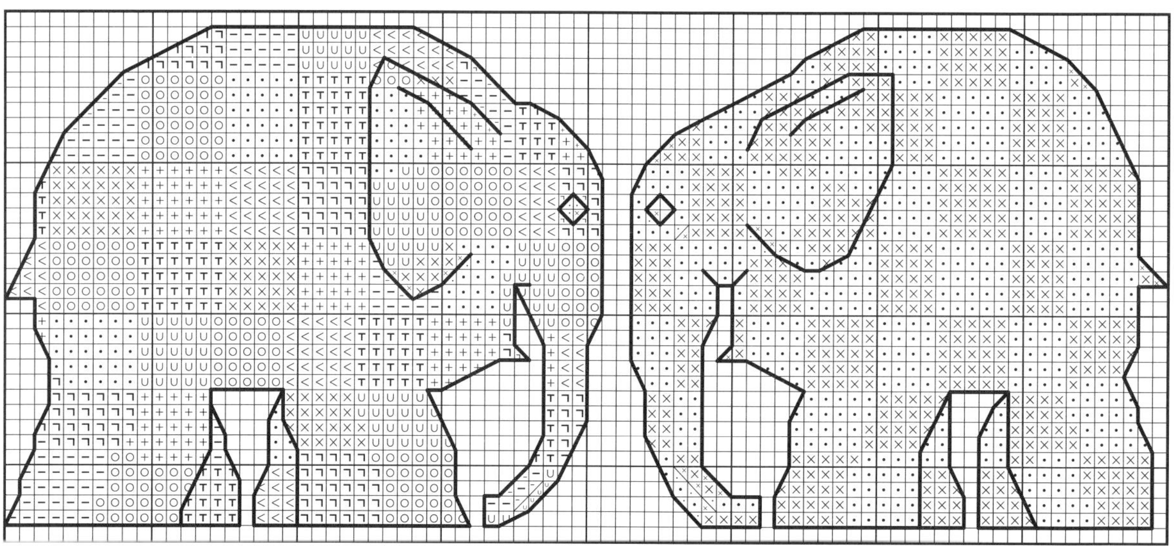

Fotorahmen

Ein Elefant auf Stelzen ist kein alltäglicher Anblick, doch schließlich ist Elmar kein gewöhnlicher Elefant. Wählen Sie den Bildausschnitt so groß, wie es Ihr Foto verlangt.

Material: 23 x 27 cm weißes Leinen 28
19 x 23 cm weiße, feste Pappe
doppelseitiges Klebeband
Anchor Sticktwist wie aufgelistet

Motivgröße: 106 Kästchen hoch, 77 breit

Anleitung: Sticken Sie die Figur auf den Stoff und bügeln Sie die Arbeit sorgfältig.

Übertragen Sie das rechts abgebildete Oval auf die weiße Pappe, mit 2 cm Abstand zur Unterkante. Schneiden Sie das Oval aus. Kleben Sie doppelseitiges Klebeband rund um die Öffnung und positionieren Sie die Stickerei darüber. Bestreichen Sie die Stoffränder von hinten, um das Sichtfenster herum, mit Stärkeflüssigkeit (wenn zur Hand). Schneiden Sie den Stoff mit der Schere von der Mitte des Ovals bis an die Pappkante in langen Spitzen ein. Falten Sie die Stoffspitzen nach hinten und kleben Sie sie dort fest.

Falten Sie die Außenkanten des Stoffes nach hinten und befestigen Sie sie mit weiterem Klebeband.

Legen Sie ein Foto hinter das Sichtfenster und kleben Sie es dort fest.

Farbschlüssel für Elmar auf Stelzen

	Farbnr.	*Farbe*	*Stichzahl*
X	403	Schwarz	187
N	119	Lila	226
+	13	Rot	214
T	226	Grün	189
Z	324	Orange	218
O	290	Gelb	251
▲	1072	Türkis	466
<	433	Blau	109
U	62	Pink	270
•	1	Weiß	211
	403	Schwarz	Rückstiche

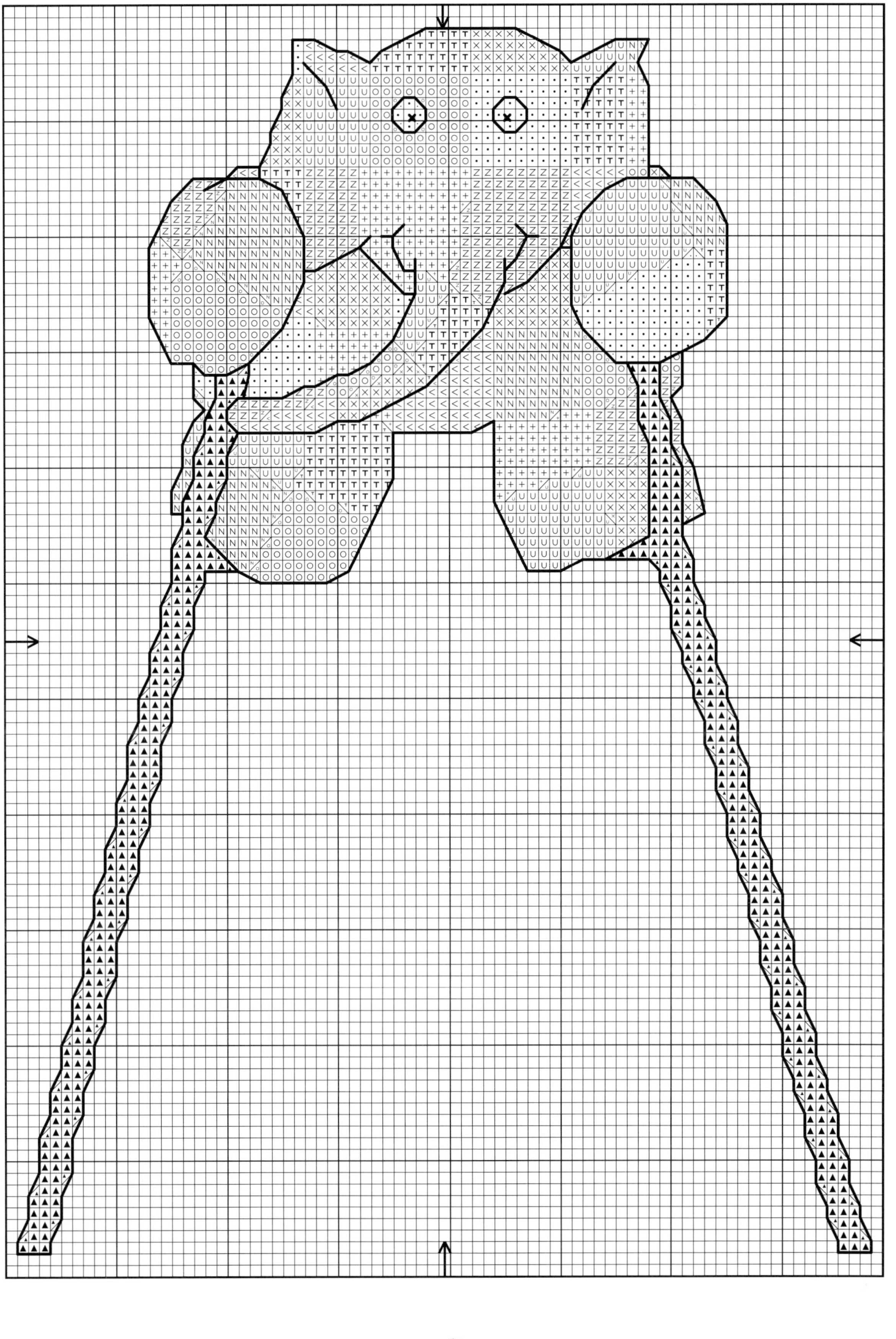

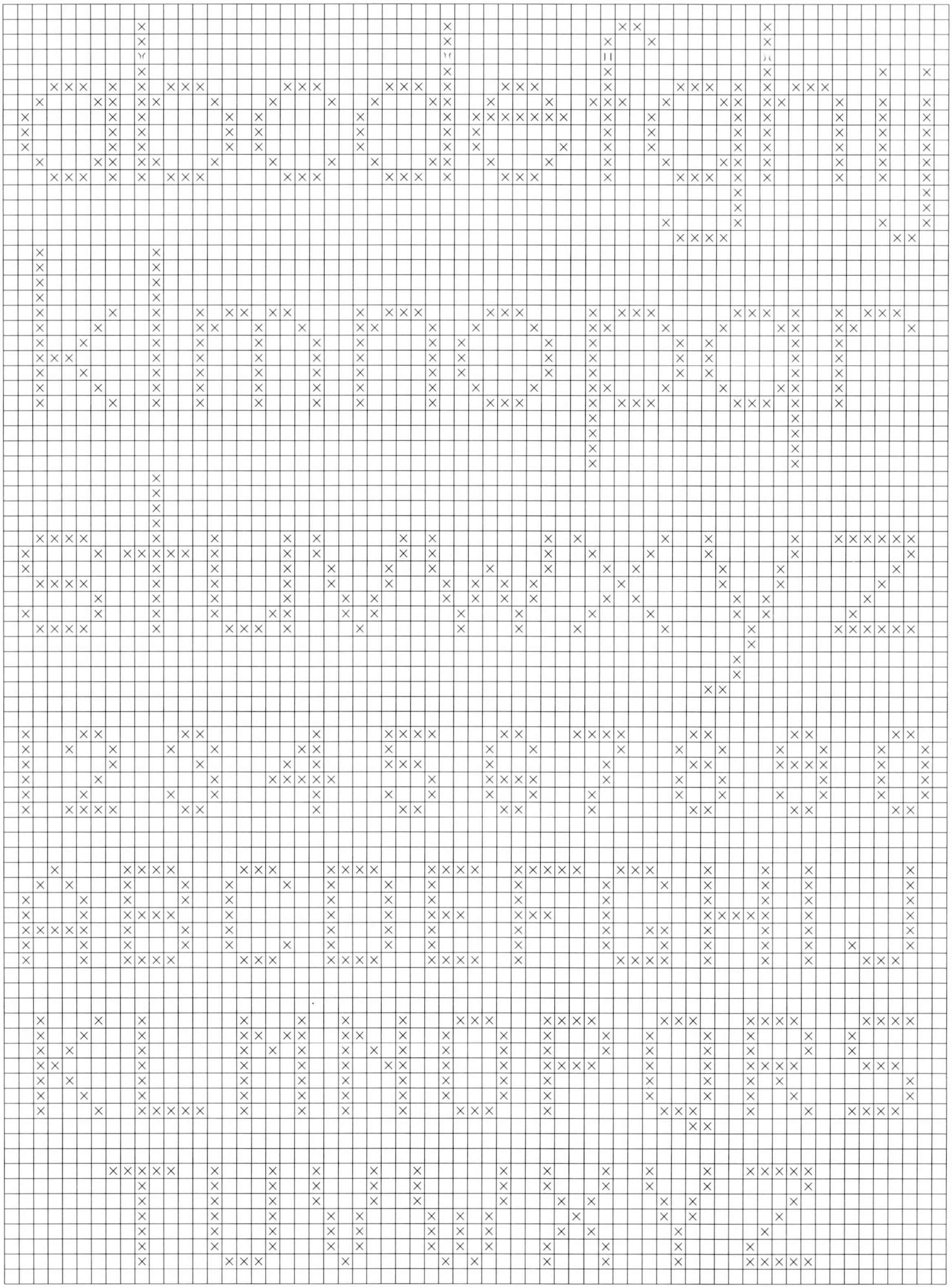

Diese Buchstaben und Zahlen eignen sich gut zum Beschriften und Signieren vieler Gegenstände in diesem Buch.

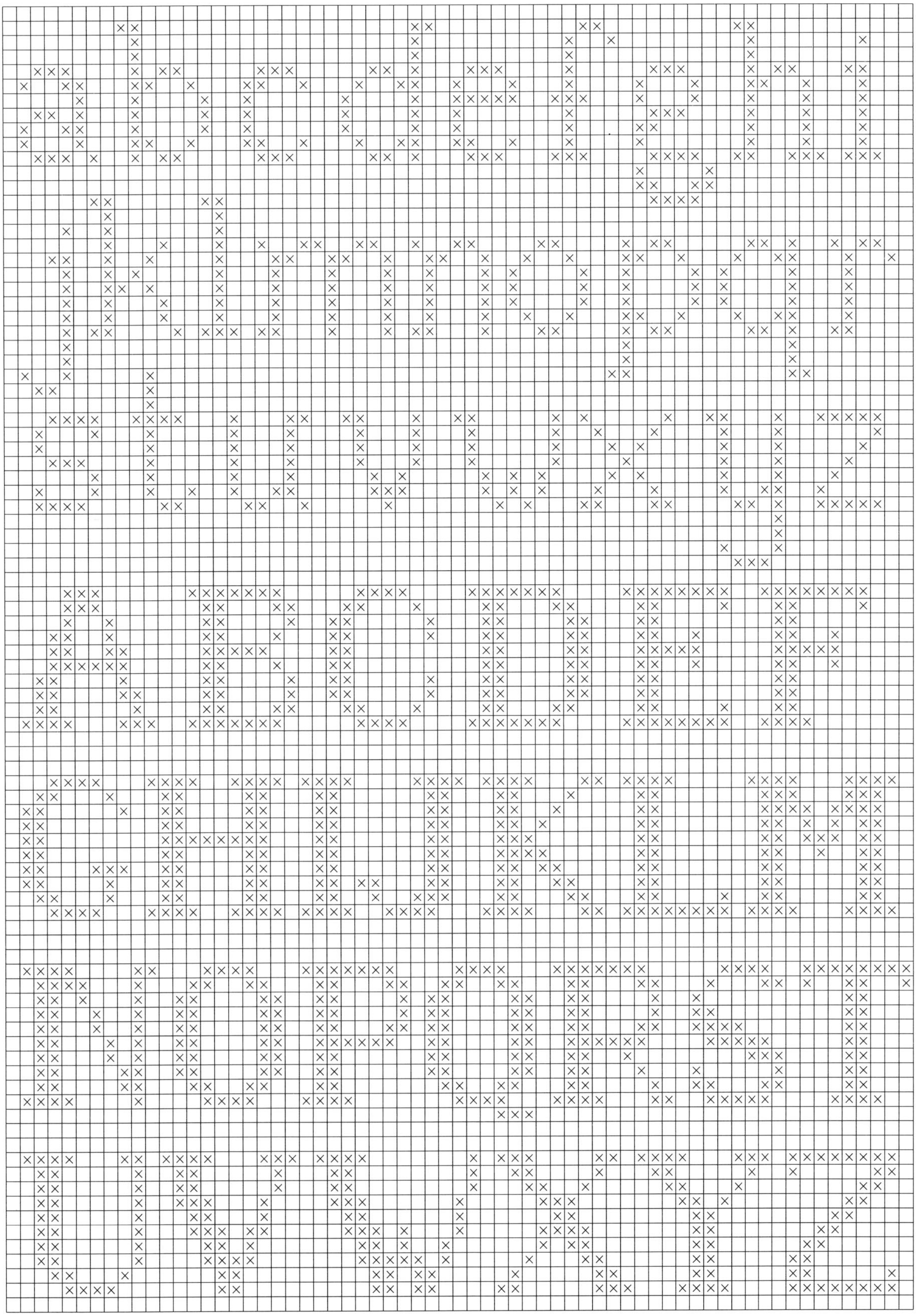